빙의령이야기

안동민 • 저

제8권

차 례

제1부 영혼이란 무엇인가?

영혼의 본질은 무엇인가? ──────── 9
사람에게도 '바코드'가 있다 ──────── 19
사람의 종류 ──────── 24
별나라에도 영계는 존재하는가? ──────── 27
사고로 죽는 것은 전생의 업보 ──────── 29
죽음에 이르는 마음의 병 ──────── 33
영혼 이야기에 고개 돌리는 사람들 ──────── 36

제2부 조상천도 이야기

단종의 넋을 가진 사람들 ──────── 41
조상천도와 행운 ──────── 44
조상천도가 뜻하는 것 ──────── 47
청평(淸平)에서 일어난 기적들 ──────── 52
재생된 세조(世祖) 이야기 ──────── 57

제3부 얽힌 인연을 풀어라

얽힌 인연을 어떻게 풀 것인가? ──────── 63
심장병을 앓는 부인 ──────── 65

차 례

소뇌위축증 환자이야기 ——————— 67
황진이(黃眞伊)이야기 ——————— 69
박제상(朴提上)이야기 ——————— 72
아사달·아사녀이야기 ——————— 76
남생(南生)이야기 ——————— 79
고려장(高麗葬)을 지낸 사나이 ——————— 83
999명의 여인들을 죽게 한 이야기 ——————— 87
김종서와 수양대군과 셸리부인이야기 ——————— 92
사람의 양심은 스스로를 처벌한다 ——————— 96
2100년의 시대 ——————— 99
죽을 때는 체중감소 ——————— 105
인연을 맺어주다 ——————— 111

제4부 시공(時空)을 초월한 마음

어느 충신(忠臣)의 후예 ——————— 119
빙의된 나의 이야기 ——————— 122
한국인으로 재생한 외국인들 ——————— 126
이상한 인연 ——————— 134
손가락을 자른 여인 ——————— 137
지구인이 된 우주인 ——————— 141

제5부 지박령(地縛靈)들 이야기

저승을 가지 않는 영혼들 ——————— 149

차 례

나, 당신을 사랑해 ──────────── 161
무서운 이야기 ───────────── 164
지박령이 된 진시황이야기 ─────── 170
헤이께 무사들의 이야기 ──────── 175
재생된 사나다 유끼무라 ──────── 179
가보인 꽃병을 지키는 영 ──────── 185
빙의령이 된 말 이야기 ───────── 188
석불(石佛)의 정기가 태어난 여인 ──── 190
지박령들 이야기 ──────────── 193
복합령과 분령체 ──────────── 197

제6부 빙의령(憑依靈)이야기

빙의령이란 무엇인가? ───────── 207
영혼이 빙의되는 이유는 무엇인가? ─── 209
어느 권투 선수 이야기 ───────── 211
멸종당한 왕지네 가족들의 원한 ───── 216
갑자기 결핵 환자가 된 이발사 ───── 220
자살 충동에 괴로워하는 이발사 ──── 223
외출공포증에 걸린 어느 시인의 이야기 ── 227
새끼 돼지를 먹은 간질 환자 ─────── 230

제7부 동물령들의 암약

다람쥐였던 조부(祖父)의 재생 ───── 235

차 례

닭을 무서워하는 소년 ──────── 240
어느 불면증 환자이야기 ──────── 245
개로 재생된 어느 프랑스 여인 ──────── 248
어느 남편의 전생을 본다 ──────── 251
도벽이 고쳐진 소년 ──────── 255
뱀의 원령(怨靈) ──────── 258

제8부 풀리지 않는 수수께끼

운명은 누구나 미리 정해져 있는가? ──────── 267
신앙생활을 함으로써 ──────── 270
몸이 건강해지는 이유는 무엇인가? ──────── 270
착하게 살려고 애쓰고 있는데도 불행이
그치치 않는 이유는 무엇인가? ──────── 272
착한 사람들은 항상 악(惡)의 희생이 되며, 악한
사람들이 사회적으로 성공하는데 그 이유는? ──────── 274
부부는 일심동체라고 하는데 심령과학적으로는
어떻게 설명할 수 있는가? ──────── 276
산아제한에 대한 심령과학적인 견해는? ──────── 279
다시 태어나는 사람과 재생(再生)하지 않는 사람은
어떻게 다른가? ──────── 281
죽은 사람의 영혼이 빙의되어 있는 것은 어떻게
알 수 있는가? ──────── 282
제령을 하는 방법과 제령이 되는
원리는 무엇인가? ──────── 284

제 *1* 부
영혼이란 무엇인가

제1부

장하리 무엇인가

영혼의 본질은 무엇인가?

《구약성경》을 보면 이런 구절이 나온다.
―여호와 하나님께서 흙으로 사람의 모습을 빚으시고 그에게 숨결을 불어 넣으시니 그가 산 인간으로 변하여 최초의 인간인 아담이 되었다―.

이것은 다른 말로 바꾸면 여호와 하나님의 영혼의 일부가 흙으로 빚은 아담의 몸에 들어갔다는 이야기이다.

다시 말하면 아담의 영혼은 곧 하나님의 영혼에서 갈라져 나온 것이라는 이야기가 된다. 그렇기 때문에 아담의 후손인 모든 인간들의 마음은 아담의 마음이 세포분열한 것이라는 이야기가 되는 것이다.

하나님은 흔히 사랑과 지혜와 힘의 화신(化身)이라고 한다. 그런데 모든 인간들은 비록 제한된 범위이기는 하지만 사랑과 힘과 지혜의 화신이라고 생각된다.

그러면 여기서 인간이 어떻게 태어나게 되는가 하는 과정을 살펴봄으로써 인간의 영혼은 창조주에게서 온 것임을 분명히 밝혀보고자 한다.

인간이 처음에 태어났을 때는 죄라는 것을 모르는 신(神)과 같은 존재였으나 이 세상을 살아가면서 많은 잘못을 저지르게 되었고, 이것이 원인이 되어서 다음 생애에서는 그 결과를 책임지게 된 것이다.

최초의 인간들은 우주가 어떤 조직체인지, 우주에는 어떤 법칙이 있는지 아무도 가르쳐 준 존재가 없었기에 자연히 자기의 욕망대로 살게 됨으로써 많은 잘못을 범하게 된 것은 어쩔 수 없는 숙명(宿命)이었다고 생각된다.

그러면 여기서 잠시 화제를 바꾸어서 인간이 태어나게 되는 과정에 대해 최근에 내가 발견한 사실들을 이야기할까 한다.

몇십년 전만 해도 지금과 같은 컴퓨터는 존재하지 않았다. 컴퓨터의 개발과 그 보급으로 모든 것이 전산화(電算化)되자, 우리는 그 전에는 상상도 하지 못했던 많은 정보를 취급하게 되었다.

그런데 내가 최근 알게 된 사실은 이 컴퓨터가 사실은 영계에 있는 컴퓨터를 모방한 것임이 분명하다는 것이다.

인간의 영혼은 모두 저마다 고유의 주파수와 고유번호를 갖고 있으며, 저승에는 메인 컴퓨터가 있고 사람들은 저마다 이와 연결된 단말기 같은 존재인 것이다.

인간의 영혼은 분령(分靈)이 될 때, 새로운 영파의 주파수를 부여받게 되는 것이다. 또 복합령이 되어서 태어나게 될 때도 새로운 번호를 받는 것으로 생각된다.

옛이야기에 사람이 죽어서 저승에 가면 생전에 자기가 한 일들이 모두 기록되어서 그 기록에 의해 심판을 받는다고 했는데, 이것은 저승에 컴퓨터가 존재하지 않고서는 불가능한 일이라고 생각한다.

그러니까 지금 우리가 사용하고 있는 컴퓨터는 저승에 있는 컴퓨터를 모방해서 만든 것같이 생각된다. 컴퓨터를 발명한 사람도 영감에 의하여 영계에 존재하는 컴퓨터의 존재를 알고, 그 구조의 비밀을 알아낸 것이라고 짐작된다.

사람은 태어나기 전에, 저승에 있는 자기 개인용 컴퓨터에 있는 전생의 기록들을 유체(幽體) 속에 재기록시킨 다음, 장차 태어날 자기 몸의 구조에 대한 정보를 갖고서 모체에 들어와 그 설계도에 따라 자기 몸을 성장 발육시키는 것이라고 생각한다.

바깥 세계에서는 10개월이 지나는 동안, 임신한 자궁 안에서는 10억년의 세월이 빠른 속도로 지나간다. 이 지구 위에 미생물이 탄생하여 오늘날의 고등생명체로 진화, 발전하기 까지는 약 10억년이 소요되었기 때문이다. 시간이라는 것은 어디까지나 상대적인 것이라고 생각된다.

우리는 1시간 30분짜리 비디오 작품이라도 고속으로 돌리면 15분에 볼 수도 있다. 임신한 자궁은 특수한 진동을 하고 있는데, 지구 자력(磁力)의 영향을 감소시킴으로써 일종의 무중력에 가까운 상태인 것이다. 그런 상태에서 시간은 굉장히 빠른 속도로 흐르게 된다.

개체 발생에 필요한 외부시간 10개월 동안에 자궁안에서는 10억년의 세월이 흘러서 종족 발전에 필요했던 시간을 고속으로 체험하는 것이라고 생각된다.

영혼은 장차 자기가 입주하게 될 육체를 어떻게 만들 것인가 하는 설계도에 의해 자기의 몸을 완성한 뒤, 그 몸에 정식으로 입주하는 순간, 신이었던 능력을 잊어버리게 된다.

바로 태어났을 때는 전생에 대한 기억이 있지만, 미숙한 신체 발달때문에 발성(發聲)이 불가능하고 젖을 뗄 무렵이 되면 여지껏 기억하고 있던 전생의 기억은 잠재의식과 심층의식에 매몰되고 마는 것이다.

나의 막내딸은 아버지가 재생(再生)한 경우였는데 생후 6개월까지는 생전의 돌아가시기 전 아버지의 모습이었고, 나하고는 텔레파시를 통해 자주 대화를 할 수 있었으나 우유를 떼고 죽을 먹으면서부터 얼굴 모습이 바뀌며 텔레파시 통신이 불가능해졌다.

나는 생생한 체험을 통하여 인간이 신생아(新生兒)였을 때는 그 앞의 전생을 기억하지만 생후 6개월이 지나면서 그 기억이 사라진다는 사실을 확인하였다.

인간의 몸은 겉은 육체지만 그 바로 안에 유체(幽體)라는 일종의 에너지체가 있으며, 그 안에 상념체(想念體)가 있고 맨 가운데에 신체(神體)가 잠들어 있다.

이른바 운동선수같이 육체가 많이 발달된 사람이면서 완전한 무신론자(無神論者)에 가까운 사람들인 경우, 유체나 상념체, 신체는 미숙한 사람들이다. 그리고 이른바 영능력자(靈能力者)라고 하는 사람들은 유체(幽體)가 발달된 사람들이고, 작가라든가 예술을 하는 전문가들은 대체로 유체와 상념체가 발달된 사람들이라고 볼 수 있다.

부처나 예수님 같은 분들은 신체(神體)가 완전히 발달되어서 우주의식과 하나가 된 분들이다.

우주의식과 완전히 하나가 되면 인간은 그대로 살아있는 신과 같은 능력을 갖게 된다고 할 수 있다.

나의 경우, 나를 찾아온 손님들의 전생(前生)을 영사할 때는 나의 유체의 파장을 상대방 유체의 파장에 맞추면 된다.

상대편의 유체에 기록되어 있는 정보를 읽음으로써 상대편의 전생이 무엇인가를 알아낼 수 있지만, 상대편이 뛰어난 영능력자여서 차단막을 내렸을 때는 유체동조가 되지 않는다.

이런 경우에는 영사가 불가능해진다. 또한 상대편의 보호령이 방해할 때도 알 수가 없다. 심령치료를 할 때는 내가 옴 진동을 일으키게 되는데, 이것은 우주 에너지를 내 몸으로 끌어들여 상대편의 유체에 주입시켜 줌으로써 유체의 기(氣)흐름을 원활하게 해주는 기법(技法)이다.

이때, 유체의 기(氣)흐름이 정상화 되면 순간적으로 육체적 결점도 개선될 수 있다.

인간의 뇌는 살아있는 생물학적인 컴퓨터와 같으며, 자동장치이지만 외부에서 수동적으로 그 기능을 조절할 수도 있다는 것을 나는 1992년 가을에 발견하였다.

뇌의 중심부인 시상하부(視床下部)에 자리 잡고 있는 송과체(松果體)에는 그 사람의 수명을 관장하는 생명시계가 내장되어 있다. 이 생명시계는 인간의 능력으로 조절할 수 없지만, 무극신(無極神:우주의 근원적인 존재)의 파장에 맞추면 조절이 가능한 것이다.

사람에 따라서 10년 전 과거로 보낼 수가 있는데, 그렇게 되면 그는 10년 전의 생리상태로 환원될 수 있게 된다.

여기에 대하여 나는 금년 2월에 일본에서 발행된 〈일본신학(日本神學)〉이라는 잡지에 다음과 같은 글을 발표하였다.

뇌는 미니 컴퓨터―시간 속을 간다!

나는 지난 20여년에 걸쳐 심령과학자로서 일하면서 많은 새로운 사실들을 발견했지만, 최근에 아주 놀라운 사실을 발견했다. 그 이야기를 해볼까 한다.

인간의 뇌는 생물학적인 뜻에서 초미니 컴퓨터라는 이야기를 최근에 자주 듣게 되었다.

그런데, 이 사람의 뇌를 외부에서 조절할 수 있는 완전히 새로운 방법을 나는 최근에 발견하였다. 두 손으로 상대방의 얼굴을 감싼 다음, 두 개의 엄지손가락을 좌우의 눈에 갖다대고 여덟 개의 다른 손가락들은 얼굴의 다른 경혈을 꼭 누른채 옴 진동을 일으키면, 상대편의 뇌에 우주력(宇宙力)을 주입시켜 뇌속에 내장되어 있는 일종의 생리시계(生理時計)를 과거나 미래로도 돌릴 수 있다는 환상적인 기술을 발견한 것이다.

인간의 뇌에는 일종의 시계장치가 되어 있고, 사람에 따라서 이 시계가 빨리 가면 나이 보다 빨리 노화(老化)되고, 늦게 가면 나이 보다 젊다는 사실을 발견한 것이다.

얼마 전 일이다.

폐암의 말기에 놓여 있는 중증(重症)의 환자가 나를 찾아왔다. 나이는 53세, 본인의 말에 의하면 병원에서는 앞으로 1개월 살면 많이 사는 것이라는 선고를 받았다고 했다.
 그런데 내가 볼 때 그 사람의 관상으로는 능히 80세를 살 수 있는 얼굴이었다. 손금을 보니까 50대 초에 생명선이 잠깐 끊어지는 듯하다가 다시 이어져 있었다.
 인간의 수명은 하늘이 관리하는 것이라고 믿고 있는 나로서는 그 환자의 경우, 하늘은 80세를 살아도 좋다고 보장했지만 어떤 이유 때문인지 곧, 죽지 않으면 안되는 입장에 놓여 있는 것이다. 그렇다면, 그 환자의 운명에 간섭해서 80세까지 살 수 있도록 돕는다고 해도 우주의 3대법칙(三大法則)의 하나인 '불간섭의 법칙'을 범하는 것이 되지 않겠는가 하는 생각이 떠올랐던 것이다.
 그래서 옴 진동수 세잔을 마시게 하고, 옴 진동수로 열 한번 세수를 하게 한 다음, 그 사람의 업장을 소멸시켜, 다시 태어난 것과 같은 상태로 만들어 주었다.
 다시 말해서 사주(四柱)를 새로 바꾸어 준 것과 같은 이치다. 원래의 사주가 지금 폐암으로 죽게 되어 있다고 해도 그 운명을 수정해 준 것이라고 할 수 있다.
 그런 후 환자의 얼굴을 두 손으로 감싸 쥐고 환자의 뇌시계를 과거로 돌아가게 했다. 보통 인간의 능력으로서는 이것은 불가능한 일이기 때문에 작업하는 동안, 나는 무극신(無極神)의 파장과 나의 영파 파장을 일치시켰다.
 무서운 우주력(宇宙力)이 내 백회(百會)로 들어와서 열손가락을 통하여 환자의 뇌시계를 거꾸로 돌아가게 했다.
 작업이 끝난 뒤 보니까, 환자의 얼굴은 병색(病色)이 완전히 사라지고 40대 초반의 건강한 얼굴로 변해 있었다.
"당신의 뇌 속에 내장되어 있는 시계를 과거로 돌렸더니 10년 전으로 돌아간게 분명합니다. 그러나 10년 뒤에는 또다시 조금 전의 상태로 돌아가게 됩니다. 옴 진동수 가족이 되어 열심히 옴 진동수를 마시면 시간이 지연되어 80살까지 살 수 있습니다. 그러나 그때도 돌아가실 때는 폐암으로 돌아가시기가 쉽습니다. 이것만큼은 어쩔 수 없는 운명이라고 생각됩니다. 어차피 사람은 언젠가는 죽게 마련인데 30년 수명이 연장되었다고 생각하십시오."
하고 나는 이야기했다.
그리고 완전히 건강을 되찾거든 꼭 연락해 달라고 신신당부했다. 그래야만 내가 발견한 이 엄청난 기술이 하나의 착각이 아니라는 것을 확인하여 자신감을 가지고 실험을 계속할 수 있기 때문이라고 말했다.
환자는 내 이야기를 모두 수긍하고 완쾌되는 날, 어김없이 연락하겠다고 이야기하고 돌아갔다.
그 다음 날이었다고 기억된다.
이번에는 운이 꽉 막힌 사람이 나를 찾아왔다. 수표는 부도가 났고, 부인은 가출했으며, 본인은 중병을 앓고 있었다.
평소에는 철저한 무신론자였던 그도 다급해지니까 도리가 없이 역술가를 찾아갔다고 한다. 역술가는 지금은 악운에서 헤어나지 못하고 있지만, 참고 기다리면 3년 뒤 부터는 좋은 운이 찾아온다고 했다고 한다.
지금의 상태로서는 도저히 앞으로 3년 동안 기다릴 수 없다고 생각한 그는 주위 사람들에게 수소문해서 다른 유명한 역술가를 다시 찾아 갔다.
 그도 첫번째 역술가와 똑같은 이야기를 했다. 그래서 이번에는 아주 장안에서 유명하다는 역술가를 찾아 갔다.
 그는 한참동안 이리 저리 살펴보더니 앞서 사람들과 똑같은 이야기를 했다. 그리고는 이윽고 삼청동에 사는 안동민이라는 심령과학자를 아느냐고 묻더라는 것이었다.
 그는 무신론자였기에 내 이름을 알 턱이 없었다. 그래서 모른다고 대답했더니, 그 역술가가 말하기를 '사실은 나도 10년 전에 댁과 똑같은 처지였을 때, 안선생을 만나서 지도를 받고, 지금의 이 길로 들어서서 위기를 면한 일이 있습니다.' 하면서 우리 집 주소를 가르쳐 주어서 찾아 왔노라고 했다.
 내가 보기에도 그는 사방이 꽉 막혀 있었다. 그의 공장을 탐낸 사람이 모함하여 그가 돈을 빌려쓰던 사채업자 두명이 기한보다 한달 앞서 수표를 돌렸고, 그래서 어쩔 수 없이 부도를 냈다는 그의 사정이 딱하기만 했다.
 "안선생님까지 네분이 똑같은 이야기를 하는데, 저는 지금 상태로서는 도저히 앞으로 3년을 기다릴 길이 없습니다. 어떻게 해서든 저를 도와주십시오."
 하고 그는 울먹이기 까지 했다.
 나는 문득 생각했다.
 뇌속에 있는 생리시계〔수명을 조절하는 시계〕를 반대방향으로 돌려서 사람을 현재에서 과거로 돌려보낼 수가 있다면, 그 반대인 미래로도 보낼 수 있지 않겠느냐 하는 생각이 번개같이 떠올랐다.
　나는 결국 이 사람을 3년 앞으로 가게 했다. 순간적으로 얼굴이 환해지고 건강한 사람이 되었다. 이와 동시에, 기한을 앞당겨 수표를 부도나게 한 사채업자들도 3년 뒤 미래로 보내졌다.
　사채업자들은 미리 부도를 내도록 한 것을 후회하고 그를 돕겠다고 나서게 됨으로써 이 사람은 위기에서 벗어날 수가 있었다. 정말 신기한 일이 아닐 수 없었다.
　여기서 알아 두어야 할 것은, 우주에는 불간섭의 법칙이 있어서 남의 운명에 함부로 간섭하게 되면 인과응보(因果應報)의 법을 어기게 되어 간섭한 사람이 벌을 받게 된다는 사실이다.
　내가 이들을 도울 수 있었던 것은 한 사람은 80살까지 살 수 있다는 표시가 나타나 있었고, 또 한 사람도 3년 뒤에 좋은 운이 찾아오게 되어 있었기 때문이다.
　이렇게 두 사람의 운명을 수정해 주긴 했지만, 나는 조금 더 많은 실험자료가 필요하다고 생각하였기에, 그 뒤 나를 찾아온 많은 암 환자들에게 실험을 거듭해 보았다.
　36세 된 말기 뇌암환자는 거의 가망이 없다고 생각했는데 뜻밖에도 좋은 결과를 가져 왔고, 천명이 다 된 사람은 처음부터 내 말을 황당하다고 생각하여 이런 나의 시술을 거부한다는 것도 알았다. 아무튼 수십명에 불과하지만 앞으로 좀더 많은 사람들을 실험해서 좋은 결과를 가져온다면 나의 가설(假說)이 확실하다는 것을 입증할 수 있게 되리라고 생각한다.
　또 하나, 암으로 죽은 환자의 영혼이 빙의된 경우에 제령(際靈)을 했더니 말기 암환자가 기적적으로 회복된 예도 있다.

사람에게도 '바코드'가 있다

　우리나라에서 사람들은 일정한 나이가 되면 모두 주민등록증을 받는다. 요즘 큰 가게에 진열되어 있는 거의 모든 상품에는 바코드가 찍혀 있다.
　얼마 전부터 우리나라에서도 책에도 모두 바코드가 찍혀지게 되었다. 은행의 사무도 모두가 컴퓨터로 처리되고 있다. 온라인이라는 것도 잘 발달되어 있는게 오늘의 현실이다.
　컴퓨터에 모두 입력(入力)되어서 단추만 누르고 주민등록번호만 대면 그 사람에 대한 정확한 정보를 즉시 알 수가 있는 것이다.
　모든 것이 얼마 전과 비교하면 굉장히 편리해졌다. 이것은 알고 보면, 앞으로 다가올 철저한 관리사회로 옮겨가기 위한 하나의 준비단계에 지나지 않는다고 나는 생각한다.
　예전에는 한국을 비롯하여 어느 나라든 자급자족이 되었던 시대가 있었다. 그때는 천하(天下)라고 하면 자기 나라를 뜻하는 말이었다. 그러나 오늘날에는 자급자족할 수 있는 나라는 거의 없다.

그래서 수입과 수출이 한 나라의 살림을 좌우하게 된 것이다. 결국 머지않은 장래에 아시아는 아시아대로, 아프리카는 아프리카대로 자급자족할 수 있는 연방체로 변할 것이 분명하고, 그보다 더 오랜 세월이 지나면 세계가 하나의 자급자족 형태로 정착될 것이라고 생각된다.

지구가 공급할 수 있는 자원과 먹여 살릴 수 있는 최대 인구의 수효를 컴퓨터가 산출하게 되고, 거의 완전에 가까운 관리사회가 출현될 것으로 생각된다.

물건도 필요한 만큼 만들게 되고, 필요없는 상품이 넘쳐흐르는 현상도 없어지게 된다. 초등학교 졸업반이 되면 정밀한 지능검사와 적성검사가 행해져서 진학할 학교와 전공과목도 정해지고 미래, 아니 전 인생의 계획을 스스로가 세우게 된다.

예전에는 엄격한 계급제도의 사회였고, 모두가 가업(家業)을 전승하게 되어 있었다.

이런 봉건제도는 인류역사의 대부분을 차지했었고, 요즘과 같이 자유분방한 사회로 변한 지는 100년이 될까말까 한게 현실이다. 그런데 앞으로의 미래사회는 지능과 적성에 알맞은 직업이 주어지는 사회로 변할 것으로 생각된다.

지금은 신체장애자들도 어떻게든 살 길을 열어주려고 사회와 국가가 애쓰지만 앞으로는 장래가 전혀 보이지 않는 사람들은 어렸을 때 안락사(安樂死)가 주어질 것으로 생각된다.

또다시 적자생존(適者生存)의 시대가 찾아온다는 이야기이다.

들리는 소문에 의하면, 미국에서는 인간의 두개골에 태어나자마자 바코드를 입력시키는 연구가 진행되고 있다고 한다. 이것은 지금의 주민등록증보다 한층 더 정확하고 진보된 관리방법이라고 생각된다.

　신분증을 아무 것도 갖고 있지 않아도 또는 기억상실증에 걸린 사람도 특수한 광선을 비추면 이마 한가운데 바코드가 나타나게 되는 방법이다. 이것을 실시하려면 많은 반대가 있을 것으로 생각된다. 첫째는, 인권론자(人權論者)들의 맹렬한 반대가 있을 것으로 전망된다. 그러나 앞으로 형성될 강력한 권력을 지닌 연방정부는 결국 이 제도를 정착시키고 말 것이다.

　그런데 여기서 알아 둘 것은 인간은 그런 제도가 생기지 않아도 이미 태어날 때 각자 바코드를 갖고 있다는 사실이다.

　컴퓨터도 영계에 있는 것을 모방해서 만든 것이고, 바코드 역시 마찬가지다. 인간이란 육체[탄소형 생명체]와 영혼[전자파 에너지 생명체]이 겹친 이중구조로 되어 있으며, 육체의 뇌에서 뇌파(腦波)가 발생하듯, 영혼은 영파(靈波)를 잠시도 쉴 새없이 발신하고 있으며, 이 영파도 각자 고유의 바코드로 이루어져 있다는 사실을 알고 있는 이는 아마 드물 것이다.

　인간의 눈에 보이는 물질세계(物質世界)와 보이지 않는 비물질세계(非物質世界)가 공존하고 있고, 이것이 이 우주의 실상임을 깨닫게 될 때, 많은 과학자들은 앞을 다투어 인간의 영파를 송수신할 수 있는 기계를 발명하려고 노력하게 될 것이다.

　인간의 영파를 수신하는 기계가 아직껏 발명되지 않은 이유는 대부분의 과학자들이 눈에 보이지 않는 세계가 실존(實存)한다는 사실을 믿지 않았기 때문이라고 생각된다. 그러나 이런 수신 장치가 발명되는 날에는 영혼이 윤회전생한다는 사실이 밝혀지게 될 것이고, 전생은 말할 것도 없고, 각 개인이 생각하고 행동한 일들을 정확하게 알아 낼 수 있게 될 것이다.

그렇게 되면, 범죄자는 더 이상 자기의 죄상을 숨길 수 없게 되며, 한편 억울한 누명을 쓴 사람이 벌을 받는 일도 없게 될 것이다. 각 개인은 정부의 철저한 관리를 받는 입장에 놓이게 될 것이라고 생각된다.

민주국가, 자본주의 나라라고는 하지만, 앞으로 실명제(實名制)가 철저하게 지켜지고 정착되면 돈의 흐름은 아주 투명해지고, 탈세가 불가능한 사회가 찾아올 것이 분명한데, 이것은 앞으로 찾아올 철저한 관리사회가 이미 다가오고 있다는 좋은 증가라고 할 수 있다.

나는 내 두뇌를 개조하여 살아있는 일종의 만능영파수신기(萬能靈波受信機)로 만든 지 오래되거니와 최근에 인간의 영파에는 각자 고유한 바코드가 입력되어 있음을 알아냈다.

이 바코드에는 우주인의 영혼이 유체이탈(幽體離脫)해서 인간의 태아(胎兒)속에 들어가 지구인으로 태어난 경우, 어느 별, 어느 태양계에서 왔음이 기록되어 있고, 인간으로 몇 번 태어났는가, 남자 또는 여자로 태어난 것이 몇 번씩인가, 몇 나라의 국민으로 태어났는가 하는게 기록되어 있음도 알았다.

이 사실을 처음 알아냈을 때, 내가 받은 충격은 자못 컸었다.

사람이 죽어서 저승에 갔을 때, 생전에 한 일을 두고 심판을 받는다는 것도 쉽게 이해할 수 있다.

사람에게는 영계에 개인용 컴퓨터가 있어서, 태어난 뒤 생각한 것과 행한 일들이 전부 고유의 바코드가 매체가 되어 기록된다면 능히 가능한 일이기 때문이다.

　우리 태양계의 여러 별에 태어난 무법자(無法者)들을 집단 수용시킨 것이 우리 지구인들의 조상이고, 이들을 교육시키기 위해 만든 시스템이 유계(幽界)와 영계(靈界)라는 것, 따라서 진보된 다른 별나라에 유계와 영계도 폐쇄될 것이고, 그 대신 인간은 몇백년에서 몇천년을 살 수 있는 장수족으로 변하게 되리라고 생각된다.

사람의 종류

'사람 위에 사람 없고, 사람 아래 사람 없다'라는 속담도 있지만, '사람이라고 다 사람은 아니다'라는 속담도 있다.

사람은 우선 남자와 여자로 크게 구분되며, 다음에 인종별로 민족별로, 나라별로 구분된다.

그러나 심령학적인 구분도 있을 수 있다고 생각된다. 앞에서의 구별법은 사람의 피부와 외모와 성별(性別)로 본 구분이지만, 인간의 본질(本質)인 영혼을 중심으로 한 구분법도 있을 수 있는 것이다.

동물의 영혼이 진화되어 인간으로 처음 태어난 경우도 있고, 꽃의 요정(妖精)이나 산신령과 같은 자연령(自然靈)이 인간 세상에 나들이 온 경우도 있는가 하면, 저승사자가 인간 세상에 휴가 온 경우도 있으며, 여러 별나라 우주인의 영혼들이 유체이탈(幽體離脫)해서 태아(胎兒)의 몸 속에 들어와 인간으로 태어난 경우도 있을 수 있는 것이다.

나는 수년 간 심령과학자로서 일하는 동안, 수많은 사람들과 면담하는 가운데, 이 땅위에는 우리가 상상하기 어려울 정도로 수많은 우주인들이 섞여 살고 있다는 사실을 확인하였다.
 우주인의 영혼이 인간의 탈을 쓰고 태어난 경우는 대체로 다음과 같은 공통점을 지니고 있는 것 같다.
 1. 나이보다는 훨씬 젊어보인다.
 2. 본인들의 이야기로는 몸이 아프다고 하는데 얼굴에는 전혀 병색이 없다.
 3. 저혈압인 사람들이 많다.
 4. 항상 낯선 곳에 와 있다는 느낌을 갖고 있으며, 어느 누구하고도 진정으로 터놓고 대화하지 못한다.
 5. 사회에 적응하기 힘들다.
 6. 영감이 발달되어 있어서 미래에 일어날 일을 미리 알아낸다든가, 사람의 마음을 조절하는 텔레파시 능력이 있다든가, 그밖의 치병능력이라든가 하는 영능력 내지는 초능력을 지니고 있다.
 7. 비행접시를 타고 우주를 여행하는 꿈을 자주 꾼다.
 지금 열거한 일곱가지 조건 가운데 절반 이상에 해당되면 당신은 지구가 아닌 다른 별에서 온 사람이라고 믿어도 좋을 것이다.
 이들 우주인들은 자원봉사대의 일원으로서, 앞으로 닥쳐올 대재난의 시대에 지구인을 돕기 위해 온 사람들과 단순한 관광이 목적인 경우, 지구인을 연구하기 위해 온 경우 등, 이렇게 세 종류로 분류된다.
 공통점은 그들의 진짜 육체가 고향별의 특수한 장치 속에 잠들어 있고, 마음만 전송(電送)되어 왔기에 지구인으로서의 생애가 끝나면 그곳에서 잠을 깨게 되어 있으므로 길고 긴 꿈을 꾼 것과 같은 느낌을 갖게 되어 있는 것이다.

또한 이들에게는 대체로 자녀가 없는게 특징이기도 하다.

왜냐하면 자녀가 생기면 그대로 지구인으로서 눌러앉아 고향별로 돌아가는게 불가능해지기 때문이다.

영능자 D씨의 영시에 나타난 오토바이 사고로 죽은 사람의 지박령(地縛靈)

별나라에도 영계는 존재하는가?

 앞에서도 이야기한 바와 같이, 인간이란 탄소형 생명체(炭素型生命體)인 육체속에 일종의 전자파 에너지 생명체가 들어 있는 복합 생명체이다. 이 두가지 생명은 공존 관계에 있다고 할 수 있다.
 육체에는 태어난 순간이 있고, 죽는 순간이 있지만, 이른바 영혼이라고 불리우는 전자파 에너지 생명체는 일찌기 태어난 일도 없고, 죽는 일도 없는 불생불멸(不生不滅)의 존재이다.
 영혼도 육체와 같은 생명체이기 때문에 모든 생명체에 공통된 다음과 같은 특징을 갖고 있다.
 1. 에너지 대사기능(代謝機能)을 육체를 통해 한다.
 2. 영혼은 몇 번이고 다시 태어남으로써 보다 성숙한 존재로 성장한다.
 3. 영혼은 분열, 증식하여 자손을 만든다.

 그런데 우리들 지구인들은 보다 영혼이 발달된 선진문화권인 다른 별에 사는 우주인들에 비해 미숙하기 때문에 몇 번이고 거듭 태어날 필요가 있고, 그래서 저승이라는 것이 마련되었다는 설이 있다.

지구보다 엄청나게 정신력이 발달된 우주인들은 지구인들처럼 죽음을 두려워하지도 않고, 슬퍼하지도 않는다고 한다.

우주인과의 접촉으로 유명해진 죠오지 아담스키의 말에 의하면, 금성인은 죽은 지 얼마 후에 다시 새로운 육체 속에 들어가서 다시 태어난다고 한다.

저승이 있는 곳은 어쩌면 지구 뿐일지도 모른다고 이야기했다.

그리고 완전히 조화적으로, 평화적으로 생활하는 다른 우주인들은 우리네 지구인들에 비해 엄청난 장수족이라고 했다.

수명이 1천년에서 3천년에 이르는 경우도 있다고 했다.

한편, 인간은 평생 동안에 뇌의 5%에서 15% 부분만 쓰고 나머지는 쓰지 않는다고 한다.

뇌의 용량을 보면 인간은 350년까지 살 수 있다고 한다.

자연은 필요없는 것은 만들지 않는데 뇌의 기능으로 미루어 보면 인간도 언젠가 모르는 아득한 그 옛날에는 350년의 수명을 누린 적도 있으나, 어느 때인가 지구 규모의 대변동을 겪고 나서 오늘날과 같은 단명족(短命族)으로 변했다고 생각한다.

만일 이 능력을 다시 찾을 수 있는 방법만 개발한다면 인간은 또 다시 장수족으로 변할 수도 있을 것이다.

사고로 죽는 것은 전생의 업보

 흔히들 우리는 '죽고 사는 것은 하늘의 뜻'이라는 말을 자주 한다. 또한 목숨은 분명 하늘이 주는 것이기에 거두어 가는 것도 하늘의 뜻이라고 말한다.
 이 말이 사실이라면, 우리는 자기 마음대로 죽을 수도 없고 또한 살 수도 없다는 뜻이 된다. 과연 그것은 사실일까?
 나는 사실이라고 믿는다.
 지난 60여년 동안에 겪은 수많은 경험을 통하여 나는 이 사실을 믿게 되었다. 우선 내 경우만 보아도 적어도 일곱 번 이상 죽을 뻔한 일이 있었고, 그 가운데 세 번은 실제로 숨을 거두었으나 얼마 뒤에 다시 살아난 적이 있었다.
 10시간 가까이 많은 사람들이 보는 가운데 죽어 있다가 다시 살아난 경우도 있었다〔주:이것은 일본에서 있었던 일이다〕.
 적어도 나의 경우는 마음대로 죽을 수는 없다는 것을 뼈저리게 체험한 셈이 된다.
 얼마 전 일이다.
 아버지와 어머니와 큰 아들로 이루어진 한 가족이 나를 찾아

왔다.

  말없이 젊은이의 사진을 내 앞에 내 놓았다. 얼른 보기에 살아 있는 사람같지 않았다.

  그래서 나는 물었다.

"살아 있습니까?"

"아닌데요."

"사고로 죽었나요?"

"그렇습니다."

"혹시 교통사고나 물에 빠져 죽은게 아닙니까?"

  나의 말이 떨어지는 순간, 어머니는 울음을 터뜨렸다.

  나는 젊은이의 사진을 지켜보면서 내 자신의 영파를 지우고 젊은이 자신으로 변신을 시켰다.

  바닷가에 서 있던 젊은이가 물속으로 들어서는 순간, 난데없이 물 속에서 한 젊은 여인이 솟아올라와 젊은이의 한쪽 발목을 잡았다.

"저예요, 오래 전부터 당신을 기다리고 있었어요."

  젊은이는 너무나 놀란 나머지 심장마비를 일으켜서 그 자리에 쓰러지고 말았다.

"선생님 말씀이 맞습니다. 제 아들은 수영을 하다 익사한 게 아닙니다. 얕은 바닷물 속에 들어선 순간, 심장마비를 일으켰던 것입니다."

하고 아버지가 이야기했다.

  둘째 아들은 심장병을 앓고 있었던 것도 아닐뿐 아니라, 장래를 촉망받던 수영선수였다고 했다.

바닷물 속에 걸어 들어간 순간, 심장마비를 일으킨다는 것은 상식으로서는 도저히 믿을 수 없는 일이다.

실제로 그런 일이 일어났기에 무엇인가 여기에는 심령적인 원인이 있는 것 같아 나를 찾아왔다는 이야기였다.

"댁의 아드님은 전생에서 한 여자를 사랑했었습니다. 그러나 부모님들이 완강하게 반대하는 바람에 그녀는 가까운 바다에 투신자살했던 것입니다. 젊은이의 아버지는 말했습니다. '우리가 반대한다고 죽을 것까지야 뭐 있나? 그런 싸가지 없는 계집은 잘 죽었느니라. 너도 이제는 딴 생각말고 내가 천거하는 아이와 결혼해라.' 그때의 아버지가 바로 선생이십니다. 딸을 잃은 부모의 슬픔을 조금만 생각했어도 그런 무정한 말씀은 하지 않았을 것입니다.

그런 말씀을 한 죄 때문에 아들을 잃는 슬픔을 겪게 된 것이고, 그때 바다에 빠져 죽은 처녀가 이번에 아드님을 데려간 것이고, 지금 그들은 남해(南海) 용궁의 손님으로 잘 지내고 있습니다. 그리고 선생께서 전생의 잘못을 뉘우치신다면, 큰 아드님이 결혼한 뒤에 손자로서 다시 태어나게 할 수도 있다고 생각합니다. 그렇게 되면 죽은 둘째 아드님과 똑같은 모습을 가진 아이가 태어나게 될 것입니다. 죽었다는 것은 잠시 우리 눈에 안보이는 세계로 옮겨갔다는 것에 지나지 않습니다. 너무 슬퍼하지 마십시오. 여러분이 진정으로 원한다면 다시 만날 수 있게 될 것입니다."

하고 나는 위로했다.

"그리고 선생은 '옴 진동수' 가족이 되었기 때문에 수명이 20

년 연장되게 된 것입니다. 지금대로라면 선생은 지금부터 10년 안에 술 좌석에서 몹시 화를 내다가 심장마비를 일으켜서 돌아가실 운명인데, 성격이 변화되어 수명이 연장되는 것이고, 이것은 죽은 아드님 덕분이라고 할 수 있습니다. 아드님이 그런 사고로 죽지 않았으면 댁의 식구들이 저를 찾지도 않았을 게고 '옴 진동수' 가족이 될 까닭도 없었던 것이니까요. 아드님이 일찍 죽은 대신 아버지의 목숨이 연장된 것이죠."
하고 나는 설명했다.
"모든게 운명이군요. 저희를 깨우쳐 주기 위하여 아들은 죽은 것이군요."
하고 흐느끼던 어머니도 눈물을 거두었다.
　나는 믿는다.
　이 세상에 결코 우연은 없다고, — 그리고 사람이 사고로 죽는 것은 반드시 전생에 그럴만한 원인을 만들었기 때문에 일어나는 일임을 우리 모두가 알아야 한다고 생각한다.
　사람이 어떤 경우로 죽게 되는가는 거의 전생에 저지른 일이 원인이 되는 것이기 때문이다.
　이 세상에 더 살아야 할 필요가 있는 사람은 아무리 위급한 경지에 빠져도 구사일생(九死一生)으로 살아난다는 사실을 모두 명심하기 바란다.

죽음에 이르는 마음의 병

 우리는 흔히 병이라고 하면 몸의 어디가 아프다든가, 고장이 나서 신체의 어느 부분을 못쓰게 된 것만을 병인줄 알고 있는 경향이 있다.
 인간이란, 육체만 살아 움직이고 정신이 이미 가버린 이는 노망이 난 것이고, 몸은 멀쩡한데 마음이 온전치 못한 사람을 팔불출이니, 등신이라고 부르고 있다.
 문명(文明)이 발달하면 할수록 사람들은 마음과 몸이 긴장하게 되는, 이른바 스트레스가 쌓여서 정신이 이를 감당하지 못하게 되면, 가볍게는 노이로제로부터 자폐증(自閉症)이라든가, 과대망상증·피해망상증·분열증·우울증 같은 정신병을 앓게 된다.
 자기 주관 외의 모든 것을 믿지 않게 됨으로써 스스로 마음의 울타리를 치고, 그 속에 자기 몸을 숨기는게 자폐증인데, 흔히 맞벌이하는 부모 밑에서 성장하는 어린이가 아파트 속에 갇혀서 살다보면 자폐증에 걸리게 되는 경우가 많고, 어른들도 이 병에 걸리게 되면, 지나치게 얌전해지거나 혼자 중얼거리는 등, 대인관계를 전혀 못하게 된다.

　이런 증상들은 통 털어서 정신질환에 속하는데, 이런 정신질환에 속하지 않으면서도 암과 같이 죽음에 이르는 마음의 병이 있다.

　그 병이 바로 '나 아니면 안된다'는 병이다. 독자들은 도대체 무슨 소리를 하고 있는지 쉽게 납득되지 않으리라고 생각되기에 이제부터 그 병에 대한 이야기를 해볼까 한다.

　'나 아니면 안된다'는 병에 걸린 사람들의 우선 대표적인 경우는, 자기의 분수와 능력을 제대로 파악하지 못해 몇 번이고 국회의원 선거에 출마했다가 떨어지는 사람들이다.

　꼭 판검사가 되겠다고 수없이 사법고시에 응시해서 젊은 시절을 모두 허송해 버리는 경우도 이와 같은 경우라고 할 수가 있다.

　살아가는 길과 방법은 여러 가지인데, 굳이 고시 합격만을 인생의 유일한 목표로 삼는다는게 어딘가 이상하다고 나는 생각한다.

　이 병에 걸리면, 자기에게 들려주는 충고는 전부 비방으로만 들리게 된다.

　아침마다 치켜세우는 말만이 귀에 달갑고, 가산은 탕진되어 처자식들은 비참한 지경에 으르지만, 본인은 오히려 건강하고, 당당하기만 한 것이 특징이다.

　이런 사람이 어쩌다 한번 국회의원에 당선이라도 되는 날이면, '나 아니면 안된다'는 병은 더욱 깊어진다.

　나는 이 병이 죽음에 이르는 병이라고 했는데, 그 가장 좋은 예가 돌아가신 박정희 대통령의 경우라고 생각한다.

　이 분은 '나 아니면 안된다'는 병에 걸려서 군사혁명을 일으켰고, 여러 번에 걸쳐서 이 나라의 통치권자가 된 것은 누구나 다 아는 사실이다.

가난하던 이 나라가 그분의 통치시대에 걸음마를 시작했고, 선진국 대열에까지 끼게 된 것은 사실이다.

여러 방면에 많은 인재가 배출되었으니, 그 분이 자리에서 물러나고 뒷사람에게 양보했더라면 박대통령은 아직도 건재했으리라고 생각한다.

그러나 그분의 '나 아니면 안된다'는 병은 이미 암의 말기단계에 가 있었기에 유신헌법을 만들고, 민주국가란 허울뿐인, 고대의 독재군주로 변신했던 것이었다.

육영수 여사가 암살되었을 때, 박대통령은 '나 아니면 안된다'는 병을 치유할 수도 있었는데 그분은 자기가 이상한 병에 걸린 환자라는 것을 알지도 못했고, 또 알려고도 하지 않았었기에 결국 총탄에 의하여 저승행을 할 수밖에 없었던 것이라고 생각한다.

그 분이 이 나라에 끼친 공이 그야말로 너무나 컸기에 하늘은 영부인을 그런 모양으로 소환하여, 박정희씨로 하여금 '나 아니면 안된다'는 병을 치료할 수 있는 기회를 주었건만, 그 분은 자기 병을 모르고 있었고 결국 암에 걸린 사람과 같은 비참한 최후를 맞았던 것이다.

'나 아니면 안된다'는 심각한 병에 걸린 사람의 손에 4천만명이 넘는 국민의 운명을 그냥 맡겨둘 수는 없었기에 하늘은 강제로 그분을 소환하였고, 비로소 그는 '나 아니면 안된다'는 병에서 해방되었다고 생각한다.

영혼 이야기에 고개 돌리는 사람들

얼마 전, 미국에 이민간 아들을 둔 한 노부인이 나를 찾아 왔다. 이민 간 아들이 이제는 자리도 잡히고 살만하게 되었는데 어찌된 셈인지, 영 결혼할 생각을 하지 않는다는 이야기였다.

어머니로서는 큰 아들이 이렇다 할 뚜렷한 이유도 없이 결혼하지 않는 것이 못내 안타깝다는 이야기였다.

이런 하소연을 하면서 내놓은 아들의 사진을 보니 영락없이 여자와 같은 인상을 주는 얼굴이었다.

전생(前生)에서 이루지 못한 사랑을 비롯하여 정사(情死)한 두 남녀가 복합령으로 태어났다는 느낌이 들었다.

그러기에 그는 여성을 여성의 입장에서 여성과 같은 눈으로 보게 되고, 따라서 그 여성의 결점부터 눈에 띄게 된다는 이야기를 그분에게 해주었다.

이 문제를 원만히 해결하려면 옴 진동수 가족이 되어야 하고, 적어도 100일 이상 '옴 진동수'를 복용한 뒤에 정식으로 제령(除靈)할 필요가 있다고 했다.

이래서 어머니는 아들을 대신하여 내가 보급하고 있는 '옴 진동수' 복용 가족이 되었고, 그 뒤 반년 가까이 지난 뒤에 아들이 직접 나를 찾아왔다.
 첫 대면한 순간, 나는 그가 무서운 느낌이 들었다. 알고보니 지난 1천년 동안 저승사자를 지낸 사람이었고, 그 전에는 원효대사였었던 적이 있었다는 느낌이 들었다.
 원효대사의 영혼이 분령(分靈)이 되어 여러 사람으로 태어난 것은 사실이고, 그 가운데 나도 한 사람이라는 것은 이미 알고 있기는 했었지만, 원효대사의 분령의 한 사람이 죽은 뒤에 저승사자 노릇을 했다는 것은 처음 알게 된 일이었기에 나는 크게 놀라지 않을 수 없었다.
 원효대사의 분령(分靈)이 재생할 때, 김옥균(金玉均)과 정사(情死)한 일본인 두 남녀의 영혼을 바랑에 지고 태어난 것 같다고 이야기를 했더니, 웬 스님이 바랑을 지고 제 품에 뛰어드는 꿈을 꾸고 이 아들을 잉태하게 되었노라고 곁에 앉아 있던 어머니가 증언했다.
 이 젊은이는 며칠에 걸쳐 체질개선 시술을 받았고, 제령(除靈)도 받았다.
 복합령인 그의 영혼을 구성하는 사람들을 모두 분리시켜서 저승으로 보냈고, 그가 결혼하면 복합령으로서 그의 자식으로 태어나도록 조치를 취했다.
 나는 지난 몇 년 동안, 이와 같은 일들을 수 없이 한 적이 있는데, 그때마다 본인들의 얼굴 인상과 성격이 바뀌면서 쉽게 결혼을 하게 되었다.
 병신이 아닌데도 젊은 남녀가 결혼하지 못하고 혼기를 놓치는 데는 여러 가지 이유가 있지만, 남녀의 마음을 한데 갖고 태어난 사람들은 거의 예외없이 여성을, 또는 남성을 보는 눈이 매우 예리한게 사실이다.

영혼을 분리시켜 이탈시키면 그 순간부터 성격에 변화가 일어나는데, 정말 놀라운 일이 아닐 수 없다. 여지껏 선 본 상대를 타박만 하던 사람이 갑자기 상대편 이성(異性)에게 관대해져서 쉽사리 결혼한 예가 많다. 그것은 남자들만이 그런 것이 아니고, 여성의 경우도 마찬가지다.

서른이 훨씬 넘도록 결혼하지 못하고 있는 노처녀, 마흔이 가깝도록 자기 짝을 구하지 못한 노총각들을 보면 하나같이 심령적인 문제가 있는 사람들이었다.

전생(前生)이 누구였었는지를 알아내고 그들의 심층의식속에 깔려 있는 원인을 알아내서 제거해 주면 대부분의 경우, 성격에 큰 변화가 일어나게 되고, 이성(異性)을 대하는 태도가 관대해진다는 것은 공통된 현상이었다.

사람에게 정말 전생(前生)이 있을까 하고 의문을 갖는 사람들이 많으리라고 생각한다. 그러나 영혼이 시간을 초월하여 영생(永生)하는 존재라면, 사람이 몇 번이고 거듭 태어난다는 것은 너무도 당연한 일이다.

한 시대 전만 해도 영혼의 존재를 누구나 믿었었는데 요즘같이 물질만능의 세상이 되다 보니 영혼부재의 사고방식을 가진 사람들이 많아졌다.

이것은 분명히 진보된 것이 아니라, 퇴보된 현상이라고 나는 생각한다.

제 *2* 부
조상천도 이야기

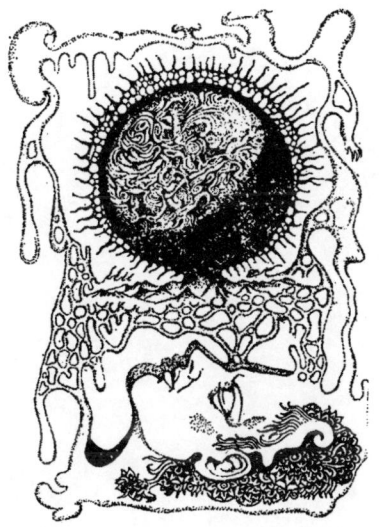

제2부

조선혁도 이야기

단종의 넋을 가진 사람들

　단종은 어린 나이에 비명횡사(非命橫死)한 비극의 주인공임은 누구나 다 알고 있는 일이다.
　단종은 단종 혼자만 비극의 인생을 살았을 뿐만 아니라 200명이 넘는 많은 신하들이 삼족을 멸함을 받는 큰 화를 입게 된 주인공이기도 했다.
　제천에 사는 어느 회원의 딸이 이상한 병에 걸렸다고 나를 찾아왔다.
　물론 본인은 몸이 너무 쇠약해서 올 수가 없었고 부모가 대신 왔다.
　벌써 몇 년째 밥을 먹지 못하고 물만 마시고 살고 있다는 이야기였다.
　병원에서는 의학적으로 볼때 아무런 이상이 없다고 진단을 내렸다고 한다. 따라서 약도 없는 셈이다.
　아무래도 조상에 큰 문제가 있는 것 같아, 조상천도 할 것을 권유해서 청평에서가 아니고, 우리 집에서 조상천도 의식을 행했다.

그런데 조상천도를 끝내고 문득 영사를 해보니 그전에는 몰랐던 사실이 밝혀졌다.

그것은 아버지는 금성대군의 넋이 재생된 사람이고, 어머니는 세조대왕의 왕비였던 사람의 재생임이 밝혀졌다.

또한 앓고 있는 환자는 단종의 재생이라는 사실이었다.

나에게도 수양대군의 넋이 분령(分靈)으로 들어 있기에 내가 직접 환자를 찾아가서 진심으로 사과를 드리고 천도식을 올리는게 좋을 것 같아 날짜까지 받아 놓았는데 그날은 첫눈이 내렸고, 내 몸의 상태가 좋지 않아서 끝내 가지 못하고 말았다.

그런데 그 사이에 또 사건이 생겼다.

부산에서 정신질환이 있는 젊은 회원이, 봉두난발(蓬頭亂髮)에 양말도 신지 않은 몰골로 나를 찾아 왔는데, 그가 누군지 이발을 시키면 알 것 같은 생각이 들었다.

그래서 내가 평소 다니던 단골 이발소에 데리고 가 수염을 깎게 하고 이발을 시켰더니 정말 놀라운 일이 생겼다.

TV연속 사극이었던 〈파천무(破天舞)〉에서 단종 역할을 한 배우와 똑같은 얼굴로 변한 것이었다.

단종의 영혼의 분령체라는 생각이 들어서 집에 데리고 돌아와서 제령도 시켰고 수양대군이 된 것 같은 마음으로 사과도 했다.

그랬더니 순간 얼굴이 붉으레해 지면서 이발한 얼굴에 또다시 변모현상이 일어나서 혈색이 좋은 전혀 다른 인상의 젊은이로 변했다.

아내가 정성껏 만든 저녁식사를 대접하고 보냈는데 그 뒤 그에게서는 아무런 소식이 없다.

한편 제천 쪽에서도 아무런 연락이 없는 채 한 해가 저물어 갔다.

단종의 업장소멸은 아무래도 내년 봄이나 되어야 풀릴 것 같은 예감이 들었다.

어린 단종 임금님이시어
이제 500여년의 긴 세월이 지나간 뒤
다시 인간으로 태어나서
업장(業障)소멸되는 날 기다리니
그 날이 언제런가?

이제 김종서 장군의 넋도
수양대군(首陽大君)의 넋도
거듭 태어나서
파천무(破天舞) 방영(放映)으로
천하인심(天下人心)재판을 받았고
단종 임금님의 억울한 사정
만천하의 동정을 받았으니
이제 그 한 많은 눈물이랑 거두시고
영겁의 세월 속에서
마음의 고요를 다시 찾으오소서

조상천도와 행운

 김세중(가명)이라는 사람이 불행하게 죽은 동생 때문에 나를 찾아왔다.
 오랫동안 심한 정신분열증에 시달리다가 죽은 동생의 영혼을 어떻게 자기 자식으로 태어나게 할 수는 없느냐는 이야기였다.
 나는 동생의 사진을 가져 오라고 했다.
 다음 날 가져 온 동생의 사진을 보고 나는 소스라치게 놀라지 않을 수 없었다.
 흉악범들의 영혼이 빙의되어 있는 험상궂게 생긴 얼굴이었기 때문이다.
 정화(淨化)를 할 필요가 있다고 생각되어서 내 시술실 책상 위에 놓고 조석으로 바라다보았더니 이마와 양쪽 뺨이 하얗게 빛이 나고 흉악한 인상이 점점 덜해가듯 했다.
 또한 마침 부인이 임신한 것 같다고 했다.
 부인의 사진을 가져오게 했더니 사진의 이마와 양쪽 뺨에서 하얀 빛이 나오고 있었다.
 죽은 시동생의 사진과 같은 모습이었다. 어쩌면 동생의 영혼이 조카가 되어 태어날 것 같다는 생각이 들었다.
 그래서 조상천도 이야기를 하였더니 두말없이 조상천도를 해달라고 했다.
 그래서 우리 시술소에서 조상천도를 했는데 조상천도가 끝난 순간, 나는 그의 직업에 대해 물었다.
 〈쟈팬 라이프〉의 대리점을 하고 있노라고 했다. 100만원에서 200만원 이상 되는 일제 자석 요와 이불을 팔고 있다는 이야기였다.
 나는 전에도 이 기구의 대리점을 하는 우리 회원을 알고 있었는데 그때는 비싸다는 생각이 들어서 살 생각이 없었는데 이날은 그 자리에서 구입할 생각이 들었다. 정말 이상한 일이었다.
 나는 이미 좀 더 간단한 구조의 일제 자석요를 여러 해 동안 쓰고 있어서 나름대로 효과를 보고 있었는데 구태여 200만원이 넘는 큰 돈을 주고 이 기구들을 살 필요가 없었다.
 그런데도 이 기구를 꼭 사야겠다는 생각이 들었고, 아내도 대찬성이었다.
 아내가 반대를 하면 그것을 구실삼아 취소할 수도 있으련만 그렇지 않았다. 그래서 그 물건을 들여 놓게 되었는데 그 효과가 진정 놀라웠다.
 나는 며칠이 지나지 않아서 명현현상이 일어나더니 왼쪽 발에 격렬한 통증이 발생했다.
 만 하루를 꼬박 고생했다. 걷기가 어려울 정도로 통증이 심했다. 그리고는 갑자기 몸이 좋아지기 시작했다.
 아내의 무릎 신경통도 깨끗이 가셨을 뿐 아니라 나날이 얼굴

빛이 좋아지고 젊어지는 느낌이었다.

 김세중씨는 조상천도를 해서 장사를 잘한 셈이지만 정작 도움을 받은 것은 우리 부부였다.

 그동안 30여명 가족들의 조상천도를 해준 보너스로 하늘이 내린 상이 아닌가 생각하고 감사하고 있다.

 조상천도를 한 사람들이 나름대로 저마다 이상하게 좋은 일이 생긴 것은 사실이기에 그 이야기를 적어 본 것이다.

조상천도가 뜻하는 것

　세상에 뿌리없는 나무는 없다. 또한 부모없이 세상에 태어난 사람도 없다.
　물론 세상에는 자기의 부모가 누군지 모르는 사람들도 많다. 허나 그렇다고 그들에게 부모가 없는 것은 결코 아니다.
　음(陰)과 양(陽)이 동하고 합하지 않고서는 생명의 창조는 불가능하다.
　이 우주는 최초에 마음에 속하는 무극신(無極神)만이 존재하는 암흑의 세계였으나, 어느 날 이 무극신의 마음이 눈을 떠서 물질 즉, 음의 세계를 만들었고 음양이 조화를 이루어 우주가 탄생된 것이다.
　우리가 살고 있는 이 대우주는 나날이 팽창하고 있다. 그것을 수학적으로 역산(逆算)하면 과거로 가면 우주는 점점 수축되는 것으로 된다.
　지금으로부터 300억년 이상 옛날로 돌아가면 이 우주는 직경 1센티의 작은 크기로 축소된다고 한다.
　이 원시 우주가 어느 날 갑자기 대폭발을 해서 탄생했다고 한다. 인간이나 우주나 탄생하기는 마찬가지라고 할 수 있다. 그 생명의 시간적인 차이가 있을 뿐, 인간이나 우주는 언젠가는 죽게 되고, 또 거듭 낳게 되는 것도 같다고 할 수 있다.

우리의 생명은 하나의 작은 우주생명(宇宙生命)이고, 대우주생명과 연결되어 있는 작은 가지라고 할 수 있다.

지구 위에 살고 있는 모든 생명체는 지구라는 거대한 생명체에 속해 있으나 우리가 보기에 거대한 지구도 태양계도 이들이 속해 있는 은하계라는 보다 거대한 생명체의 한 세포에 지나지 않음을 알 수 있다.

인간의 몸은 100억개의 수많은 세포로 이루어져 있는데 그 작은 하나하나의 세포에는 적당한 영양분만 주면 사람을 만들어 낼 수 있는 모든 유전인자(遺傳因子)가 내포되어 있는 것이다.

알고 보면 이 우주는 지극히 단순한 원리에 의하여 운영되고 있음을 알 수 있다. 인간의 마음의 조상, 즉 뿌리를 더듬어 올라가면 무극신(無極神)인 하나님에 이르게 된다. 그 무극신이 우리가 알아 낼 수 있는 모든 생명의 큰 뿌리라는 것이다.

인간은 육체와 영혼으로 이루어져 있다.

마음은 음에 속하는 존재이고, 육체는 양에 속하는 존재이다. 보기에 따라서는 그 반대라고 할 수도 있다.

어쨌든 육체라는 그릇 속에 마음이 담겨져 있지 않고서는 살아있는 존재라고 할 수 없다.

마음이 떠난 육체는 하나의 생명 없는 물체로서 무너져 내려 원소(元素)로 돌아가게 마련이다.

인간의 마음의 고향은 무극신의 세계이지만, 인간은 부족한 존재로서 누구나 이 세상에 애착을 갖고 살다보면 다시 거듭 태어나야 하는 원인을 만든 채 죽게 된다.

죽은 영혼은 일정한 기간 저승에 머물다가 적당한 시기가 되면 자기와 인연이 있는 부모를 만나서 태어나게 마련이다. 그러나 커다란 원한을 만들었다든가, 살아생전에 큰 죄를 지은 이들은 쉽사리 태어나지 못하고, 유명계(幽明界) 속에 방황하거나 이른바 지옥 같은 곳에서 오랫동안 고통을 받으며 수련을 쌓아야 한다. 육체가 없이 고통 속에서 신음하는 많은 영혼들은 자기의 자손들에게 의지하여 구함을 받고자 한다. 자기가 괴로운 입장에 놓여 있음을 알리고자 하는 것이다.

그러나 이승과 저승은 서로 차원(次元)이 다른 세계이기 때문에 의사소통이 제대로 될 수가 없다. 그래서 하나의 통신수단으로 쓰여지는 것이 몇 번씩 반복되는 똑같은 형태의 재난이다.

사람에 따라서는 남들은 평생에 한번도 겪지 않는 교통사고를 여러 번 겪는 사람도 있다.

큰 사고를 당했으면서도 아슬아슬하게 목숨을 건지기도 하고 몇 년에 한번씩 집안 식구들이 똑같은 종류의 암에 걸려서 죽는 경우도 있다.

이것은 대부분의 경우, 결코 우연이 아니다. 불행하게 죽어서 고통을 받는 조상령들이 통신해 온 것으로 보는게 타당하리라고 본다. 그러나 보통 사람으로서는 그것이 단순한 우연인지 또는 조상의 영혼의 통신인지 알아볼 길이 없다.

그것을 알아보고 정확한 뜻을 식별하는 것이 나와 같은 영능력자가 맡은 소임이다.

이것은 조상인 영혼의 영파(靈波)와 파장에 동조할 수 있는 신통력이 있음으로서 가능한 일이라고 생각하면 된다.

그래서 무엇이 원인인지 알아냈다고 하더라도, 나는 어디까지나 육체를 가진 하나의 인간에 지나지 않기 때문에 어쩔 수가 없다. 그러나 나는 내 영파의 파장을 자유자재로 변하게 할 수 있는 능력을 지녔기 때문에 잠시 동안은 우리의 큰 뿌리인 무극신(無極神) 자체로 변신도 가능하며 무극신으로 변하여 천신(天神)·지신(地神)·수신(水神)·염라대왕·지장보살·저승사자들을 불러서 유명계를 헤매고 있는 불쌍한 영혼들을 한곳에 모이게 하여 신령계로 승천시켜서 그들의 전생의 인연에 따라 전생시킨다는 명령을 내릴 수 있는 것이다.

이것을 녹음하는데 녹음된 목소리는 이미 내가 아니다.

무극신의 파장에 맞춰진 목소리는 그 자체가 하나의 독립된 신적(神的)인 존재인 것이다.

이 목소리를 몇 번이고 반복해서 재생시킬 때, 조상의 영혼은 천도되게 마련이다. 물론 말 뿐이 아니다. 재문(祭文)도 필요하고, 조상천도가 끝난 뒤에는 이 재문은 불태운다.

그 뜻이 영계로 전해지려면 보이지 않는 존재로 변해야 하기 때문이다. 재문은 단순한 글에 지나지 않지만 천도식이 끝난 뒤 불태우면 연기로 변해 그 뜻은 정확히 영계에 전달된다.

조상들의 방황하던 영혼들이 제대로 천도되었는지 아닌지는 곧 반응이 나타나게 마련이다.

오랫동안 앓아 오던 고질인 정신병이 완쾌된다든가, 운이 열려서 하던 일이 갑자기 잘 되게 되었다든가, 깨어졌던 혼담이 성립이 된다든가, 우리 딸의 경우와 같이 수십번씩 떨어지기만 하던 아파트 청약이 당첨이 된다든가, 의외로 시험을 잘 치러서 원하던 학교에 합격되었다든가, 효능은 여러 가지임을 알수가 있다. 나는 지난 수년 동안, 수많은 사람들을 제령했고, 갖가지 색다른 심령치료 방법을 창안하여 실시해 왔다.
 조상천도는 내가 발견한 마지막 최고의 방법이다.
 올해 초에 시작해서 반년이 지나는 동안 30여명의 조상천도를 했는데 80퍼센트 이상이 좋은 결과를 가져 왔다.
 조상천도를 해줄 단계가 되지 않은 사람들은 우선 본인들의 마음이 움직이지 않게 마련이다.
 내 말이 믿어지지 않는 것이고, 또한 무슨 사정이 일어나서 조상천도를 할 수 없게 됨을 여러 번 경험한 일이 있다.
 또 나에게 불손한 태도로 대함으로써 나 자신이 조상천도를 해줄 자신과 의욕을 상실하게 만드는 경우도 있었다.
 매사가 인연이 있어야 하고, 때가 되어야 하며, 사람을 서로 제대로 만나야 되는 것이 아닌가 생각된다.
 조상천도를 제대로 하려면 집행하는 사람의 영능력이 어느 정도의 신통력을 가졌느냐가 중요하다. 형식이 같다고 해서 똑같은 결과가 나오는 것은 결코 아니다.
 나의 경우는 조상천도라는 원리가 무엇임을 확실히 깨닫고 스스로가 무극신(無極神)의 분령체(分靈體)임을 확신하고, 그 힘을 빌려서 하고 있다.
 그럼 여기서 내가 어떻게 하여 1990년 7월부터 지금껏 안하던 조상천도를 하게 되었는지 그 이야기를 소개하여 볼까 한다.

청평에서 일어난 기적들

벌써 20여년이 지난 오래 전 일이다.
나는 우연한 일로 청평(淸平)에 작은 땅을 장만한 적이 있었다. 별장을 짓는다는 것은 하나의 꿈에 지나지 않았는데, 이상한 인연으로 나는 그곳에 집을 짓게 되었다.
처음에는 단층으로 간단하게 지으려던 것이 막상 짓고 보니 설계 미스로 집이 낮아서 볼품이 없었다. 애당초 기초는 2층 이상을 올릴 수 있게 튼튼하게 만들었으므로 결국 2층으로 올리고 말았다.
시공자가 끝내 일을 하지 못하고 도중에 포기했기 때문에 결국 마무리는 내가 해야만 했다. 그때만 해도 전기도 불통이던 시절이었다.
어머니가 강변에서 살고 싶다고 늘 입버릇처럼 말씀하셨기 때문에 집을 짓는 일은 결과적으로 거창한 공사가 되고 말았다.
그 당시만 해도 평당 십만원이면 좋은 집을 지을 수 있던 때였는데 결국 배가 넘게 들었다.
아내는 처음부터 그 집을 짓는데 반대했다. 그 돈이면 우리가 살고 있는 집을 헐고 2층 양옥을 짓고도 남는 돈이니 우리가 사는 집을 다시 짓자고 했다.
 지금 생각하면 아주 타당한 이야기인데 나는 아내의 충고를 전혀 들으려고 하지 않았다.
 무엇에 홀렸던게 분명했다.
 결국 집은 완성되었고, 자가발전 시설까지 했으나 정작 강변에서 살고 싶다던 어머니는 석달을 넘기지 못하시고 서울로 다시 돌아오시고 말았다. 이유인즉 사람이 그리워서 혼자서는 못살겠다는 이야기였다.
 나는 결국 그 별장을 짓느라고 동생들과 문제가 생겼고, 내 평생에 저지른 큰 실수였다고 생각하지 않을 수 없었다.
 1년에 한번 별장세(別莊稅)로 호된 세금을 낼 때마다 나는 짜증을 내곤 했다. 내 형편에 별장을 가질 입장이 아니었기에 1년 가야 하루도 가 있을 수가 없었고 나는 바보같은 짓을 했음이 분명했다.
 전기공사도 했고, 전화도 가설했지만 정작 그 집은 오랫동안 빈집으로 있어야만 했다.
 내가 왜 그때, 그런 집을 짓게 되었는지 스스로 생각해도 잘 납득이 가지 않는 수수께끼가 아닐 수 없었다.
 또 몇 년 동안 그 집은 빈 집으로 남아 있어야 했다. 10년 이상 빈 집으로 있었는데 집이 전혀 낡지 않은 것도 이상하다면 이상한 일이었다.
 그러다가 작년 봄, 우리 회원들 가운데 한 사람인 조용출씨가 사업에 실패하여 집을 날려서 갈데가 없으니 그곳에 살게 해달라고 부탁을 해왔다.
　생계가 막연하다보니 그 집을 빌려 주면 고시 공부하는 젊은 이들 하숙이나 치겠다고 해서 2천만원 이상의 돈을 들여서 집 전체를 수리하고 방을 여섯 개나 더 들여 주었는데, 청평으로 이사한 조용출씨는 단 한명도 하숙생을 치지 않은채 오늘에 이르렀다.
　그럴 것 같으면 많은 돈을 들여서 애당초 수리를 할 필요도 없었다. 나는 짜증이 날 수밖에 없었다.
　번번이 그 집 때문에 골탕을 먹는다는 생각이 들지 않을 수 없었다. 그러다가 90년 초 여름 어느 날, 어떤 영능력자가 그 곳에 와서 돌아보고 나에게 조상천도를 하라고 말했다.
　자기가 자진해서 자기 비용으로 해주겠다는 이야기였다.
　속담에 중이 제 머리를 못 깎는다고 하지를 않았던가. 그래서 나는 쾌히 받아들였다. 그런데 조상천도를 하고 나자, 어머니하고의 사이가 더 나빠졌다.
　조상천도가 제대로 되었다면 모든게 좋아져야 할 텐데 내 경우는 그 반대였다. 납득이 가지 않는 일이었다.
　"당신이 스스로 조상천도를 할 수 있는 능력이 있으면서도 이를 행하지 않고 당신보다도 능력이 부족한 만신에게 부탁을 했으니 조상이 노여워하신 것일 겝니다."
하고 아내가 뼈아픈 이야기를 했다.
　나는 그 말이 옳다는 생각이 들었다. 그래서 다시 날짜를 받아서 직접 조상천도를 했다.
　조상천도를 하고 보니 마음이 편안해졌다.

아파트 당첨에 수없이 떨어졌던 큰 딸애가 당첨이 되었다는 소식이 왔다. 덕분에 나는 딸이 낼 계약금 부족분을 도와주어야만 했지만, 어쨌든 기쁜 일이었다.

그런데 청평에서 조상천도를 끝내고 왔는데 어느 날 대수롭지 않은 일로 조용출씨 내외가 크게 화를 냈다.

무슨 원인인가 곰곰이 생각해 보니 조상천도 하는데 큰 역할을 맡은 조용출씨의 조상천도를 하지 않았다는 생각이 들었다. 그래서 급히 서둘러서 그의 조상천도를 해주었는데 며칠 지나지 않아서 그의 집안에 경사가 생겼다.

그 뒤, 청평에서 30여명 가까운 사람들을 조상천도 했는데 그 때마다 놀라운 일들이 벌어졌다.

시력이 약했던 사람이 좋아진 이가 있는가 하면 난청이었던 사람이 귀가 잘 들리게 된 일도 있었다.

고질적이던 정신병 환자가 완쾌된 예도 있었다.

사람이 성년이 되려면 20여년이 걸리듯, 나의 청평 별장은 능력자로 성장하기 위해 20여년을 기다려야만 했던게 아닌가 하는 생각이 든다.

무엇인지 알 수 없는 힘에 끌려서 그 별장을 지은 것이 분명하다는 생각이 들었다.

오늘의 청평 별장은 조상천도할 수 있는 영능력자를 만들기 위하여 20여년 전에 지어진 것이고, 오래 잠을 자고 있었던게 아닌가 생각된다.

문학에 전혀 소양이 없던 조용출씨가 이곳에 살면서 시조시인(時調詩人)이 된 것도 생각해 보면 기적과 같은 일이 아닌가 생각된다.
그가 지은 시조 한 수를 소개한다.

碧湖山莊

이십년 묵어 있던 山莊이 잠을 깨니
어느덧 변신하여 영장(靈場)이라 하는구나.
중대한 사명을 받고 벽호산장 되었네.

산장인 스스로가 변신을 함으로써
누구나 이곳에만 찾아오면 변신하니
여기는 몸을 바꾸는 특수영장(特殊靈場)이라네.

이순(耳順)을 바라보는 벽파(碧波)도 여기 와서
세월이 역행되어 젊은 몸을 되찾으니
시간이 거꾸로 가는 특수공간 일러라.

(조용출지음 〈갈빛의 노래〉 중에서)

재생된 세조(世祖) 이야기

   공주 사범대학 영문과 교수로 이정진(李正珍)이라는 분이 있다.
   여러 해 전부터 알게 되어 나하고는 퍽 가깝게 지내고 있는 회원인데, 이 분을 영사해 본즉 가장 대표적인 복합령(複合靈)을 지닌 사람으로서, 태조·태종·수양대군·성삼문의 넋을 한 몸에 지니고 태어난 경우이다.
   부인은 신숙주의 넋이 재생된 사람임이 밝혀졌다. 전생에서 신하로서 임금을 섬기기를 지어미가 지아비를 섬기듯 하였으니, 그 인연으로 말미암아 이번 생애에서는 부부의 인연을 맺게 된 것이 분명했다.
   이정진 교수는 전공이 영문학이니 그 방면 일에만 전념하면 될터인데 항상 나라 일이 걱정이었다.
   정치가 잘못되어 가는 것을 보면 남달리 비분강개하는 성품이어서 본인도 이런 성품을 스스로 민망하게 여기고 있었는데 알고보니 세분 임금의 넋을 지녔으니 당연하다는 생각이 들었다.
   현재의 얼굴 모습도 생전의 수양대군과 많이 닮았다는 생각이 들었다.

이 교수는 나의 심령 시(心靈詩)들을 영어로 옮기는 어려운 작업을 해주었고, 〈사랑이 찾아들면〉이라는 제목으로 영역시선(英譯詩選)이 나온바 있다.

또한 영문판(英文版) 나의 전기를 써 주어서 이 역시 한정판으로 출판되었다.

이 교수는 수양대군의 본령(本靈)을 지닌 사람이라고 생각되는데 몸도 건강을 되찾았고 마음의 안정도 얻었다.

이교수를 두고 지은 시 한수를 소개한다.

李朝의 업장을 푼다

그대는 진정 거목(巨木)이로세
태조, 태종, 수양대군의 넋을
한 몸에 지녔고
또한 성삼문도 품안에 간직하였으니
전생의 원수가 한 몸을
차지하였다네.

지금은 상극(相剋)의 이치가
물러가고
상생(相生)의 진리가 지배하는
때가 되었기에
한 몸에 상반된 넋이 깃들어
여지껏 커다란 인간고(人間苦)가
되었던 것이라네.

하늘 나라로 떠나가니
몸은 차차 우화선인(羽化仙人)이
되어가네.

그대 이름 속에
일월(日月)이 깃들었고
또한 멀리 메아리치는
소리가 깃들었으니
그대의 이름은 크게
세상에 떨쳐질 것이로세.

부처가 지배하는 시대는 지나가고
인간의 참다운 사랑이 지배하는
새시대를 여는 큰 종소리 되었으니
이 아니 기쁠손가.

 여러 영혼이 한몸이 되어서 태어나는 복합령의 경우는 전생에 지은 업장을 소멸시키기 위함인데, 자기의 전생이 누구였음을 깨닫고 속죄를 하면 그 업장이 소멸된 영혼은 육체를 떠나 영계로 떠나게 된다.
 그렇게 되면 그 사람의 운명은 변하기 마련이다.
 영혼은 복합령도 되고 분령체로 나누어지기도 한다. 그렇게 됨으로써 업장은 좀더 쉽게 풀려지는게 아닌가 한다.

제 3부
얽힌 인연을 풀어라

제3부
달이 앞산을 물어뜯다

얽힌 인연을 어떻게 풀 것인가?

 아주 활동적이고 건강하게 보이는 중년남자가 찾아왔는데 겨울철에 접어들어서 일조량(日照量)이 적어지게 되면 심한 우울증에 걸리곤 한다고 말했다.
 매년 되풀이 되는 일이라서 가족들은 또 시작이구나, 생각할 정도였는데 올해는 초겨울도 되기 전에 그 우울증이 시작 되어서, 어느날 갑자기 직장 출근을 안하게 되었다고 했다.
 환자의 형이 환자의 사진을 갖고 왔는데, 나는 사진을 본 순간 소스라치게 놀라지 않을 수 없었다.
 북한의 김일성 주석의 장년시절의 모습과 똑같은 얼굴이었기 때문이었다.
 이야기를 들어보니 체구도 거대하고 기운이 장사라고 했다.
 "동생은 6·25 사변 때 전사한 사람들의 망령을 모시고 있지 않습니까?"
 하고 물었더니 형은 그렇다고 했다. 6·25 사변 때 사망한 사람들의 영혼을 매년 집단적으로 제사를 모시고 있으며, 6·25사변에 관한 모든 기록들을 소장하고 있노라고 했다.

"동생에게는 김유신 장군 혼의 분령(分靈)이 들어 있습니다. 김일성 주석과는 영적으로 보아 쌍둥이와 같은 사람입니다. 일조량이 적어지면 6·25때 죽은 사람들의 망령들이 빙의된 것이 표면에 나타나기 때문에 이런 현상이 일어나는 것이죠. 100일 동안 진동수를 마신 뒤에 제령을 하는게 좋겠습니다." 하여 그의 형은 아우대신 회원이 되었다.

진동수를 마신 지 얼마 뒤에 본인이 직접 찾아왔는데 사진으로 본 것보다 더 거대한 체격의 인물이었다.

그 뒤 증세가 더 심해졌다고 형이 찾아왔으나, 나는 100일은 옴 진동수를 마시고 오라고 당부를 해서 그냥 돌려보냈다.

그 뒤 두달이 지나도록 아무런 소식이 없었다. 그를 통하여 남북의 얽힌 인연을 푼다면 남북문제가 쉽게 풀리게 될 것같은 예감이 든다.

그는 어느 고등학교 실과주임이고, 평상시에는 매사가 활동적이고 정상인 사람이라고 했다.

그의 우울증이 치유되기를 바라는 마음 간절하다.

심장병을 앓는 부인

심장병 때문에 몹시 고생을 하고 있는 쉰살이 넘는 부인이 찾아왔다.
"혹시 여행 중에 이 병이 발병했습니까?"
하고 물었다.
"미국에 사는 아들네 집에 다녀오는 비행기 안에서 첫번째 발작이 일어났습니다."
하고 환자가 대답했다.
"신디아 윌리암즈라는 심장병을 앓고 있던 미국 여성이 바로 손님이 앉았던 자리에서 심한 발작을 일으켜서 숨을 거둔 일이 있는데, 그 혼이 부인에게 빙의된 것이죠. 그 부인은 시카고에 살았는데, 그의 친구 가운데 한국 교포 부인이 있었는데 부인과 얼굴이 닮았습니다. 그래서 의지해 들어온 것입니다."
하고 나는 환자에게 이야기를 했다.
그 순간, 그때까지 뻐근했던 가슴이 갑자기 가벼워진 느낌이 들었다고 했다.
그 부인은 '옴 진동수' 가족이 되었고, 그 뒤 20일이 지난 뒤에 다시 한번 나를 찾아 왔을 때는, 경과가 매우 좋아졌노라고 했다.

 100일 동안 진동수 마시게 한 뒤 제령 시술을 받으면 완쾌 되리라고 생각되었다.

소뇌위축증 환자이야기

며칠 전, 소뇌위축증이라는 불치(不治)의 병에 걸려서 고민하고 있는 한 젊은이가 나를 찾아왔다.

그는 보디빌딩 선수로서 '미스터 서울'에 뽑힌 일도 있노라고 했다. 체격이 아주 건장한 젊은이였다.

소뇌가 위축되는 이 불치병은 현대의학으로서는 발병 원인도 알 수 없을뿐더러 치유책도 없노라고 했다. 서서히 온 몸이 마비되어서 마침내는 전신마비를 일으켜서 심장이 멎게 되어 죽는 병이라고 했다.

나는 마음을 비우고 그를 영사했다. 오토바이가 버스와 충돌한 사건 현장이 생생하게 눈앞에 보였다.

죽은 이는 뒷골과 소뇌가 박살나서 현장에서 죽었다. 그런데 소뇌위축증에 걸린 환자는 죽은 이의 형과 아주 닮은 모습을 하고 있어서 형인줄 알고 빙의되었다는 사실을 알게 되었다.

나는 환자에게 '옴 진동수' 세잔을 마시게 한 뒤, 옴 진동수로 세수를 시키고 간단한 시술을 해 주었다.

그랬더니 당장에 변화가 일어났다. 얼굴색이 좋아지고, 말하는 태도가 정상이었다.
 시술받기 전에는 발음이 정확하지 않았는데 발음이 아주 또렷해진 것이었다.
 그 자리에 있었던 다른 손님들도 그 환자의 갑작스러운 변화를 보고 모두 놀라워 했다.
 '옴 진동수'를 100일 복용하고 집에서 직접 시술과 사진치료를 하라고 일러서 돌려보냈다. 좋은 결과가 생기기를 바라는 마음 간절하다.

황진이(黃眞伊) 이야기

청산리(青山里) 벽계수(碧溪水)야 수이 감을 자랑마라
일도창해(一到滄海)하면 다시 오기 어려워라
명월(明月)이 만공산(萬空山)하니 쉬어간들 어떠리.

 해동가요(海東歌謠)속에 실려 있는 황진이가 벽계수를 두고 읊었다는 시조다.
 여기서 벽계수(碧溪水)라 함은 벽계수(碧溪守)를 가리킴이고, 명월(明月)이란, 황진이의 아호(雅號)이니 황진이 자신을 가리키는 말이다. 황진이가 벽계수를 유혹하노라고 읊조린 이 시조는 내가 즐겨 읊는 시조이기도 하다.
 황진이를 두고는 멀리는 이태준(李泰俊), 가깝게는 정한숙(鄭漢淑)·유주현(柳周鉉)·안수길(安壽吉)씨 등이 작품을 남기고 있다.
 한이 맺힌채 세상을 떠난 황진이는 여러 분령체가 되어 여러 여인으로 거듭 태어났음을 알았다.
 그중 내가 만나 본 황진이 이야기를 적어 보고저 한다.

올해 봄이었다고 생각한다.
얼른 보기에 여염집 부인같지 않은 자그마하고 예쁘장한 30대의 중년 부인이 나를 찾아왔다.
서른이 넘도록 아직 결혼을 하지 못했노라고 했다. 남자복이 없다는 이야기였다. 나는 그녀를 본 순간, 옛 황진이를 다시 만난 느낌이었다.
나는 그녀가 전생에 명성(名聲)을 드날렸던 황진이였음을 이야기 했다.
"그대의 전생 업장은 거의 소멸되었으니 천생배필이 나타날 것이오. 그는 누군고 하니 황진이 무덤에서 시조를 읊은 백호(白湖) 임제(林悌)가 다시 태어난 사람일 것이오. 앞으로 백일이 지나기 전에 그가 그대 앞에 나타날 것이오."
하고 그녀의 낭군이 될 사람의 인상을 대강 이야기해 주었다.
사무실 직원들은 모두가 내가 황당한 이야기를 하는 것으로 안 모양인데 과연 백일이 지난 뒤에 그녀는 한 사나이를 데리고 또 다시 내 앞에 나타났다.

> 春草 우거진 곳에 자난다 누웠난다.
> 紅顔을 어디두고 白骨만 묻혔난다.
> 盞잡고 권할 이 없으니 그를 설어하노라.
> 林 悌

임제, 바로 그 사람이 분명했다.
그는 고향이 울산이라고 했다. 그녀는 그 사람과 결혼하여 촌사람이 되겠노라고 했다. 도시 생활에 지쳤다며 울산에 가서 시부모님 모시고 착실하게 시집살이하겠다고 했다.

  그들은 곧 결혼했고 울산으로 내려갔는데 얼마 뒤 포동 포동하게 살이 찐 몰라보게 변한 모습으로 내 앞에 나타났다.

  그 전에 첫눈에 나타났던 화류계 출신 여인의 인상은 자취도 찾아볼 수 없는 현숙한 부인의 모습이었다.

  나는 그녀의 지난날의 업장이 소멸되고 새로운 삶을 시작하게 된 것을 진심으로 축하해 주었다.

  며칠 전 그녀는 울산의 명물이라는 오징어 한 축을 나에게 보내 왔다.

  그녀의 경우로 보아, 또 달리 존재할지도 모르는 다른 황진이의 분신들도 모두 업장이 소멸되었으리라고 생각된다.

박제상(朴提上)이야기

　박제상은 신라의 충신으로 왜국에 끌려가서 고문 끝에 세상을 떠난 사람이고, 그 부인은 돌아오지 않는 남편을 바닷가에서 기다리다가 그대로 망부석(望夫石)으로 변했다는 전설의 주인공이다.
　이 박제상이 현대에 다시 태어났다. 통일교 신자인 정한수씨가 바로 그다.
　나의 회원인 박미향(朴美香)씨의 소개로 나를 찾아온 것은 지금부터 몇 년 전 일이었다.
　그는 마흔이 가까운 노총각이었다. 나는 그를 보고, 전생이 박제상과 경순왕(敬順王)의 복합령이라고 했고, 100일 동안 '옴 진동수'를 마시면 망부석이 되었던 부인이 일본 여인으로 재생하여 찾아오리라고 했다.
　그 뒤 100일이 지난 뒤에 과연 한 일본 여인이 그의 앞에 나타났다.
　정한수씨가 가져 온 그 여인의 사진은 서 있는 모습이었는데 망부석의 인상이었다.

그들은 통일교에서 주최하는 합동결혼식을 올렸는데, 얼마 동안 떨어져 살아야만 했다.

고향을 그리워했던 박제상의 넋은 1000여년의 세월을 건너 뛰어서 현대에 태어났고, 왜국에 끌려간 남편을 그리워하던 부인은 남편이 끌려간 왜국에서 태어나 다시 천생배필을 찾아 한국에 온 격이었다.

별거의 세월이 지난 뒤, 그들은 함께 살게 되었고 귀여운 딸도 얻었다.

내가 그들 부부를 위해 지은 시(詩) 한수를 소개한다.

망부석(望夫石) 되어 기다렸기에
―박제상과 그 부인의 재결합을 축하하는 노래―

오랜 옛날 신라의 대장부
박제상은 왜국에 사신으로 가서
억울하게 목숨을 잃었거니
행여나 님 돌아올세라
바닷가에 선채 기다리다가
지친 몸에 그대로 망부석으로
변했다는 지극한 사랑을 지녔던
지어미의 넋이여―

오랜 세월이 지난 뒤에
고국을 그리던 박제상의 넋은
다시 한국 사람이 되어 태어나고

왜국에 가서 돌아오지 못한
지아비를 그리던 지어미의 넋은
일본 여인으로 환생을 하였거니

이제 그들이 다시 만난 순간,
언어의 장벽을 넘어서
첫눈에 사랑의 불꽃이 튀어
가연(佳緣)을 이룩하니

진정 지고(至高)한 사랑은
천년의 긴 세월의 장벽도
국경의 장벽도 수월히
뛰어넘을 수 있는 것이거니

진정 놀라움이 앞서는구나
진정 놀라움이 앞서는구나

천년의 긴 세월도
기다릴 수 있었거니

이제 한국말을 완전히 배울 때까지
합궁(合宮)을 하지 않겠노라는
두 사람의 지극한 뜻이
진정 가상하구려!

이제 머지않아 두 사람의
영육이 하나로 맺어지는 날
하늘도 기뻐하리라!
땅도 기뻐하리라!
내 이것을 의심치 아니하노라.

〈하늘을 머리에 이고〉에서

　정한수씨는 100일 동안 내 밑에서 수련을 쌓은 결과, 상당한 경지에 이른 영능력자가 되었고, 오로지 이 나라 이 백성들을 위하여 크게 봉사할 수 있는 인간이 되기 위하여 정진하고 있는 장차 큰 빛이 될 인물이라고 생각한다.

아사달·아사녀 이야기

몇 년 전 한 젊은이가 나를 찾아왔다. 미국 유학을 준비하고 있는 젊은이였다.

그를 본 순간, 나는 저 유명한 무영탑(無影塔)을 지은 아사달의 재생임을 알았다. 그는 열심히 공부하는 젊은 학도일 뿐, 일찍이 여자를 사귀어 본 일이 없다고 했다.

나는 머지않아 전생의 사랑했던 아내인 아사녀가 나타나리라고 했다.

그들이 서로 만난 순간, 사랑의 불꽃이 튀리라고 했다.

그 뒤, 그 젊은이는 다시 찾아와 아사녀를 만났노라고 했다.

같은 학원에 다니는 미국유학을 떠나려는 여학생인데 자기의 느낌에는 아사녀가 분명한데 자기보다 나이도 위이고 너무도 새침하고 예뻐서 말을 붙일 용기가 나지 않노라고 했다.

나는 그를 격려했다.

얼마 뒤에 두 남녀는 나를 찾아왔다. 그녀가 젊은이와 눈길이 마주친 순간, 그때까지 앓고 있던 심장병이 치유되었다는 이야기였다.

그들은 얼마 뒤에 결혼했고, 내가 그들의 주례를 서주었다. 그들은 미국으로 유학을 떠났고 그 뒤 딸을 낳았다. 얼마 전, 아사녀만이 일시 귀국하여 우리 사무실을 찾았다.

아사달·아사녀에게
―어느 젊은 부부의 주례를 서면서―

1000년 무영탑(無影塔)을 만든 아사달이여!

지아비 그리는 아사녀와
길이 어긋난 끝에 헤어져야만 했던
두 정다운 연인들이여.

이제 1000년이라는
긴 세월의 장벽을 넘어서
또 다시 만나게 되어서
가연(佳緣)을 맺으니
이 아니 기쁘겠는가!

내가 어쩌다가 전생(前生)을
볼 줄 아는 영안이 열렸기에
그대들을 다시 만나게 하여
짝을 이루게 되니
진정 감개무량하구나!

1000년 전에 심은
사랑의 씨앗이 이제
늦게나마 꽃피게 되었으니
진정 오랜 기다림의 세월이
흘러갔거니
그래도 알고 보면
1000년의 긴 세월도
한바탕 꿈인 것을

아사달과 아사녀의 넋을
가진 두 젊은이여
부디 행복하시라

간절히 빌고 또
바라는 바이라네.

 긴 세월을 뛰어넘어서 두 남녀를 다시 맺게 해주는 사랑의 불길이 얼마나 끈질기고 강한 것인가를 여러분들은 잘 알았으리라고 생각한다.
 그래서 나는 남녀 관계는 오직 인연으로 이루어지는 것일 뿐, 선악의 개념으로 생각할 수 없다고 주장하는 것이다.

남생(南生)이야기

몇년 전 남생이 재생된 사람이 나를 찾아왔다. 그는 전생에 지은 업장때문에 아내와 헤어져야만 했고, 하나밖에 없던 딸도 떠나보내야만 했었다.

간신이 마련했던 집도 아내에게 위자료로 주었다고 했다. 그 뒤, 그는 재혼을 했으나 몸에 당뇨가 있었다.

옴 진동수 회원이 된 덕분에 당뇨병도 치유되었다.

그렇게 하여 얼마동안 행복한 생활을 해 왔는데 최근에 그가 근무하던 은행에서 말썽이 생겼다.

그는 카드담당 대리였는데 사업을 하는 친구를 위하여 카드를 끊어 주었는데 불량 카드가 대량으로 발생하여 사직을 하기 직전에 놓이게 되었다.

고민 끝에 당뇨가 다시 재발해서 쓰러졌고, 한동안 병원에 입원해야만 했다.

그가 나를 찾아와서 아무래도 남생이 지은 죄 때문에 직장마저 잃게 된 것 같다고 했다.

나는 이렇게 위로를 했다.

"어쩌면 내년에 진동수 공장이 생기게 될지도 모르니 그렇게 되면 내 기꺼이 그대를 위하여 직장을 마련해 주겠소. 그동안 푹 쉬면서 몸이나 회복시키시오."
하고 이야기했다.
이번 일로서 그의 업장이 소멸된다면 정말로 다행한 일이라고 생각한다.
그를 위하여 몇 년전에 지은 시(詩) 한편을 소개한다.

남생·남곤을 생각한다

남생 남곤은
막리지(莫離支)의 아들
서로 형제이면서
원수처럼 서로를 미워했다.

신라의 요승(妖僧)이 찾아와
남생과 남곤을 서로
이간질을 시켰다.

처음에는 요승의 말을 믿지 않던 남곤이
마침내 형을 의심하게 되어
정탐꾼을 보내니
이것이 고구려 멸망의
원인이 될줄 뉘라서 알았으랴.

남곤이 보낸 첩자는
남생의 손에 잡히었고
결정적으로 동생을
못믿게 된 형은
마침내 나라를 배신했다.

요승의 말에 귀를 기울인 탓으로
남곤이 다시 태어난 이는
심한 이명중에 괴로워 하게 되고
고구려의 수많은 백성들의
집안이 깨지고
당(唐)나라로 노예가 되어
끌려가게 하였기에
남생의 후신은 아내와 여식을
멀리 떠나보내야만 했다.

이제 그대들의 지은 죄는
용서되었느니라.
형제가 화목치 못하면
집안도 나라도 망한다는
귀중한 교훈을
길이 후세에 남겼기에
그대들은 용서되었다고
나는 믿는다.

남생과 남곤의 넋을
가진 이들이여
마음을 가다듬어서

조국의 통일과
대아시아 공동체(共同體)의
설립을 위하여
영적인 기둥이 되라고
내 간절히 부탁하노니
천명(天命)을 기꺼이 받으시라
천명을 기꺼이 받으시라.

고려장(高麗葬)을 지낸 사나이

현실은 소설보다도 더 이상한 일이 많다.

내가 지금부터 하려는 이야기가 바로 그런 경우에 해당된다.

두 남매를 둔 어떤 중년 부부가 있었다.

부부 사이는 금슬도 좋고, 남편도 성공한 중소기업(中小企業)의 사장이었다.

그들은 생활하는 데는 아무런 불안도 불편도 느끼지 않는 풍족한 생활을 하고 있었다.

그런데 슬하에 둔 남매가 문제였다. 어렸을 때는 정상으로 자라던 아이들이 7~8세가 되면서 갑자기 지능이 떨어지기 시작하더니 1~2년이 지나는 동안 완전히 저능아(低能兒)로 변신했다.

그 뿐만이 아니었다.

어린 아이에게서는 쉽게 찾아 볼 수 없는 기이한 현상이 일어났는데, 그것은 급격한 노화현상(老化現象)이었다.

11세된 사내아이는 70대 후반기에 접어 든 노인으로 변하였고, 18세된 딸아이는 예순이 훨씬 넘는 노파의 얼굴로 변한 것이다.

 사내아이는 어린 아이의 몸에 노인의 얼굴이 얹혀진 상태였고 얼굴과 손등에는 검버섯이 돋고 몸에는 어른과 같은 체모(體毛)가 나 있었다.

 계집아이는 심술궂은 노파의 얼굴이었다. 목소리도 어린애의 것이 아닌 바로 노파의 목소리였다.

 병원이란 병원은 모조리 찾아가 진찰을 받아 보았으나 내분비선에 이상이 생겨서 갑작스럽게 노화현상이 일어난 것 뿐이며 몸에는 아무런 이상이 없다는 것이었다.

 이것은 두뇌도 마찬가지였다. 나이 많은 노인에게서 찾아볼 수 있는 지능이 떨어진, 이른바 노망이 난 상태와 같다고 했다.

 이런 현상은 사내아이에게 먼저 일어났고, 2~3년이 지난 뒤에 똑똑하고 야무지던 계집아이가 갑자기 노파처럼 얼굴이 변하면서 바보로 변했다고 했다.

 나는 이들 남매를 앞에 놓고 영사(靈査)를 해보았다.

 이들은 전생에 의좋던 노부부였고 남편이 죽은 뒤 떠돌이 귀신이 되어 이리저리 헤매다가 사내아이에게 빙의하여 완전히 노인의 모습으로 바뀌자, 이 역시 떠돌이 귀신이 되었던 아내인 노파의 영혼이 누이동생인 계집아이에게 붙어서 이런 현상이 일어났다는 것밖에 알 수가 없었다.

 그들 남매가 전생(前生)에서 어찌하여 떠돌이 귀신이 되었는가 그 사연은 도저히 알 수가 없었다.

 나는 하는 수 없이 알 수 있는 데까지 이야기해 주고 우선 '옴 진동수'를 100일 이상 마실 것을 권유했다.

100일이 지난 뒤였다. 그들 부부가 또다시 남매를 데리고 찾아왔다. 그때 나는 새로운 사실을 알아낼 수가 있었다.
 아무래도 그들 남매는 부모의 전생에서의 부모가 다시 태어난 것 같았다.
 늙어서 거의 굶어 죽다시피 한 사실이 있다는 느낌이 들뿐, 어째서 그렇게 되었는지는 쉽게 감(感)이 잡히지 않았다.
 때마침 나는 얼마 전부터 청평에 있는 별장에서 조상천도를 시작한 터여서 조상천도를 해보라고 권유해 보는 수 밖에 없었다.
 그들 부부는 쾌히 나의 제의를 받아들였다.
 청평 별장에서 조상천도를 하던 날이었다. 음식을 차려 놓고, 막 조상천도 준비를 하는데 갑자기 한폭의 그림이 눈 앞에 떠올랐다.
 "애기 아버지는 전생에 고려 사람으로서 고려장(高麗葬)을 처음으로 생각해 내어서 실천한 사람이군요?"
 "네, 그게 정말입니까?"
 "식량 부족으로 도저히 살 수 없게 되자, 고려장을 생각해 냈고, 마을 사람들을 설득하기 위하여 자기 부모부터 업어다 산에 버린 것입니다."
 "정말 몹쓸 짓을 했군요."
 "그래서 그 뒤 고려장으로 산 속에 버려져 굶어 죽은 노인들이 수백명이 넘게 되었는데, 그 영혼들이 전부 복합령이 되어 남매로 태어난 것이로군요."
 "그러고 보니 애들이 항상 배를 고파하며 먹는데만 정신을 쏟던데 이해가 되는군요."

하고 눈물을 흘렸다.

내가 이야기를 하는 순간, 남매는 이상하게 조용해진 태도로 귀를 기울이고 있었다.

이날 천도식에서 모든 노인들의 망령들은 깨끗이 영계(靈界)로 떠났다.

"이 애들은 차차 지능(知能)이 회복되거나 아니면 갑자기 죽게 될지도 모릅니다. 업장이 소멸된 탓이죠."

하고 나는 이들을 돌려보냈다.

그 뒤 여러 달이 지났으나 그들 부부에게서는 아무런 소식이 없다.

애들이 좋아지고 있는지, 또는 감기 같은 것을 앓다가 갑자기 죽었는지 멀지 않아 소식이 올 것 같은 예감이 든다.

999명의 여인들을 죽게 한 이야기

　이것도 얼마 전에 내가 직접 겪은 일이다.
　어느 날, 오래 전부터 단골로 다니는 여자 손님이 새로운 손님을 데리고 왔다. 나이가 38세된 노처녀였다.
　모 일류 관광회사의 부장으로서 능력이 뛰어난 여자라고 했다. 자기 소유의 아파트도 있었고, 차도 몰고 다닌다고 했다.
　그런데 이상하게도 남자 운이 없다고 했다. 집안에서는 처녀가 마흔살이 가깝도록 시집을 안가니 그 아래 동생들을 출가시키는 데도 지장이 있다고 야단들이라는 이야기였다.
　본인도 요즘에 와서는 결혼해야겠다는 생각이 들기 시작했다고 말했다.
　이 여자를 우선 가명으로 김연실이라고 부르기로 한다.
　연실양과 주고 받은 이야기를 지금 기억이 나는 대로 적어볼까 한다.
　"김양은 지금 나이가 차도록 남자들과 아무런 교제 경험이 없군요."
　"네, 그걸 어떻게 아십니까?"

"어제까지 잘 사귀던 사람도 그쪽에서 결혼이야기가 나오면 갑자기 싫어지고 온 몸에 소름이 쭉 끼치도록 싫어지는게 아니던가요?"
"맞습니다."
"그러니까 미스 김은 진짜 처녀시군요."
"네."
하고 그녀는 수줍은 듯이 고개를 수그렸다.
"남자하고 육체관계를 갖는 것은 상상만 해도 죽을 것 같은 공포심은 느끼지 않습니까?"
"정말 족집게시군요."
하고 그녀는 얼굴을 붉혔다.
"그 까닭이 무엇인지 몰라서 김양은 안타까울 것입니다. 김양의 전생(前生)에 그 원인이 있는 것입니다. 지금부터 그 이야기를 해드릴테니 잘 들어보세요."
하고 나는 다음과 같은 이야기를 들려 주었다.

"때는 지금으로부터 800여년 전 옛날, 몽고의 징기스칸이 한참 활동하던 때였습니다. 징기스칸의 부하 장군들 가운데 오고타이라는 용맹스러운 장군이 있었는데 그는 어려서 어머니가 아버지를 버리고 달아나 어머니 없이 고아로 자랐습니다.
그는 항상 자기네 부자(父子)를 버리고 간 어머니를 미워하며 살았지요. 성년이 된 뒤에 같은 부족의 어여쁜 처녀와 결혼을 한 그는 남달리 아내를 사랑했습니다.
어머니에게서 느끼지 못한 따뜻한 정을 아내에게서 구했던 것이라고나 할까, 하여튼 그들은 남달리 다정한 부부였지요. 하루는 싸움터에 나가게 되어 한달 뒤에 돌아오리라 약속을 하고 떠났는데 뜻밖에도 적이 항복을 하는 바람에 그는 출전한지 2주일만에 고향으로 돌아올 수가 있었습니다.

아내가 기다리고 있는 막사로 들어선 순간 그는 아내가 자기의 부하와 관계를 하고 있는 현장을 목격하게 되었습니다. 눈 앞이 캄캄해지는 듯 했지요. 그는 허리에서 장검을 뽑아서 황급하게 떨어지려는 두 남녀를 위에서 찍어 눌러서 죽여 버렸습니다. 자기네 부자를 버리고 도망친 어머니에 대한 분노가 다시 치밀어 올라온 것입니다.

'여자는 마물이다. 나는 앞으로 1000명의 여자를 겁탈하고 죽이리라. 그 일을 해내기 전에는 나는 결코 여자를 용서하지 않겠다.'하고 그는 피가 흐르는 장검을 높이 치켜들고 하늘을 향해 울부짖으며 맹세했습니다. 그는 그 뒤 수없이 많은 전투에 참전했는데 포로로 잡은 적군의 어여쁜 여자를 모든 부하들이 보는 데서 발가벗겨 겁탈을 하고 칼로 찔러 죽이곤 했지요. 이렇게 해서 죽은 여인이 999명에 이르렀습니다. 나머지 한 여자만 겁탈하고 죽이면 그의 소원은 이루어지는 셈이었지요. 그런데 구라파에 쳐들어갔을 때였습니다. 그 나라의 공주가 포로로 잡혀 왔는데 선녀(仙女)와 같이 너무도 아름다운 공주였습니다. 그는 이 여자만 겁탈하고 죽이면 된다는 생각에 긴장이 좀 풀렸던 모양이었습니다. 왜 그런지 겁탈을 하고 죽이기에 아까운 생각이 들었습니다. 아내로 삼아 데리고 살았으면 하는 생각이든 순간, 그는 주저하지 않을 수 없습니다. 겁탈을 하기 전에 그는 공주의 결박을 풀게 했습니다. 가까이 오라고 하자 공주는 조심스레 가까이 오더니 갑자기 소매 속에 감추어 두었던 단검을 꺼내 그를 향해 던졌습니다. 그는 심장에 칼이 꽂혀서 그 자리에서 숨을 거두고 말았지요. 이래서 그는 1000명의 여인을 겁탈하고 죽이려던 소망을 이루지 못한 채 죽어야만 했습니다. 그때 999명의 여인을 겁탈하고 죽은 오고타이 장군은 그 뒤 세 번 여자로 태어나서 세 번 다 꽃다운 나이에 남자에게 겁탈을 당한 뒤에 살해를 당한 것입니다."
"그게 저였다는 말씀인가요?"
"아마 그런 것 같습니다. 그래서 미스 김은 남자하고 관계하는 것을 상상만 해도 죽음을 연상하게 되는 것이죠. 왜냐하면 지금 김양의 몸에는 과거에 오고타이 장군이 죽인 999명의 미녀(美女)들의 영혼이 붙어 있어서 복수를 하고자 벼르고 있는 것이죠."
하고 나는 설명했다. 이대로 김양을 보낸다면 그녀는 영원히 제령(除靈)할 기회가 없을 것 같았다.
 빙의령들이 나에게 찾아오는 것을 방해할 것이 너무나 분명한 일이었다.
 그래서 그 자리에서 그녀의 양해도 없이 999명의 미녀들의 망령들을 제령시켜서 저승세계로 보내 버렸다.
 분명히 영혼들은 떠났으나, 떠났다는 증거가 없었다. 그래서 나는 그녀를 그 자리에서 일어서라고 했다. 그리고는 가까이 다가가서 순간적으로 그녀를 와락 끌어안았다.
 영혼들이 떠나지 않았다면 나의 따귀를 때릴 것이 분명한데,

이게 웬일인가?

그녀는 이상한 신음 소리를 내면서 나를 오히려 와락 끌어안는게 아닌가?

"됐습니다. 이제 원한령들은 떠났습니다."

"정말 이상하네요. 안선생님이 저를 안아 주시니 그렇게 마음이 편하고 황홀할 수가 없어요."

하고 그녀는 얼굴을 붉히면서 이렇게 고백을 한 것이었다. 그리고는 응접실로 나가서 함께 온 친구의 무릎을 베고 한 시간이나 잠을 자고 갔다.

마치 열렬한 성행위를 하고 난 뒤의 여성과 같은 반응을 보였다.

들리는 소문에 의하면 그녀가 곧 결혼하게 되었다고 한다.

그녀가 전생에서 저지른 죄업(罪業)에서 해방이 되어 행복한 주부가 되기를 바라는 마음 간절하다.

전생에 살생(殺生)을 하여 그 댓가로 벌을 받더라도 때가 오면 그 사실이 밝혀지게 되고, 빙의령들이 떠나게 되면 해방이 될 수 있다는 좋은 본보기라고 생각한다.

어떻게 생각하면 업장이 벗겨질 때가 되어서 나를 찾아온 것이 아닌가 하는 생각이 들기도 한다.

김종서와 수양대군과 설리부인이야기

몇년 전 KBS TV에서 〈파천무(破天舞)〉라는 연속 사극이 방영이 된 적이 있었다.

나는 지난날 어떤 사람을 영사(靈査)하다가 나 자신을 구성하는 복합령(複合靈) 가운데에는 수양대군의 영혼도 분령(分靈)으로서 들어 있음을 확인한 일이 있었다.

별 까닭없이 내가 세상에 큰 죄를 졌다는 이상한 느낌이 어려서부터 항상 나를 뒤따르던 죄책감이었다.

그 때문에 나는 남들이 인정해 주는 것을 받아들이지 못하고 항상 스스로를 과소평가하면서 괴로워했다.

그래서 나는 나 자신을 깊이 반성하기 위해 50회에 걸친 파천무를 빠짐없이 녹화를 해 놓았다.

한 두편을 녹화한다는 것은 가능하겠지만 50회분을 녹화한다는 것은 여간한 성의가 없이는 할 수 없는 일이었다.

그런데 얼마 전에 어느 퇴역장성 내외가 나를 찾아왔다.

부부 사이에도 또 부자 사이에도 원인모를 깊은 갈등을 지닌 사람들이었다.

부인의 이야기로는 남편이 지금 고 3인 둘째 아들을 까닭없이 미워한다는 이야기였다.
그래서 남편의 눈에 보이지 않게 미국으로 유학을 보내려고 한다는 이야기였다.
그런데 어찌된 셈인지 이 아들은 번번이 근소한 차이로 토플시험에서 떨어진다고 했다.
내가 이들을 영사해 보았더니 남편에게는 김종서와 수양대군이 분령으로 들어 있었고, 부인은 김종서의 첩실이었던 설리부인이 재생(再生)한 것임을 알 수 있었다.
부인은 야인족(野人族)과 같은 남성적인 활달한 기질을 가진 여인이었고, 언젠가 제주도에 관광갔을 때는 생전 해보지도 않았던 승마를 아주 자연스럽게 했노라고 했다.
전생(前生)에서 말을 많이 다루어 본 것과 같은 느낌이 들었다고 했다. 또 이 부인의 아들에 대한 집착심은 비정상적이라고 할만큼 강했다.
알고보니 아들에게도 수양대군의 넋이 분령(分靈)으로서 들어 있는게 분명했다.
김종서도 설리부인도 어떻게든 수양대군을 없애려고 하다가 뜻을 이루지 못한 사람들이었다.
장군은 누가 보아도 납득이 되지 않는 실언(失言)을 상관 앞에서 했고, 그것이 원인이 되어 퇴역(退役)당했다고 했다.
결국 그것은 스스로의 마음속에 있는 김종서의 마음이 자기의 마음속에 숨어있는 수양대군을 친 것이라고 해석되었다.
또한 나로부터 아들에게도 수양대군의 분령이 있다는 이야기를 들은 뒤로 아들을 더 미워하게 된 것도 사실이라고 부인이 덧붙였다.

설리 부인은 전생에서 김종서의 본처가 되는 것이 남몰래 품어온 소원이었다. 그런 마음이 있어서 지금 남편의 아내가 된 것이며, 남편의 마음속에 수양대군의 넋이 숨어 있다는 이야기를 들은 뒤로는 갑자기 급격하게 남편을 싫어하게 된게 분명했다.

나는 이들이 아무리 원해도 전생 이야기 따위는 하지 말았어야 했다고 후회도 해보았으나 이미 소용없는 일이었다.

부인은 억지로 아들을 미국 유학을 시키려고 했다. 본인도 괴히 원하지 않고 있고, 남편은 정정당당하게 유학가는 것이라면 몰라도 부정한 방법으로 아들을 유학을 보내지는 않겠다는 태도였다.

미국 생활에 적응하지 못하고 불행해질 것이 너무도 뻔하다는 이야기였다.

이 경우 아버지의 판단이 옳다고 나는 생각되었다. 그러나 부인을 설득시킬 수가 없었다. 내가 신통력을 써서 아들을 토플시험에 합격하게 해달라는 요구였다.

나는 그런 신통력도 없지만 설사 있더라도 그런 일에 신통력을 쓸 수는 없노라고 했다.

생각다 못해 나는 〈파천무(破天舞)〉가 녹화된 것을 다시 재녹화하여 이들에게 주고 부인은 전생에서 수양을 죽이려다가 그 뜻을 이루지 못한게 한이 되어서 아들에게 수양의 넋이 숨어 있음을 안 순간, 아들을 위한다는 명목아래 사실은 아들을 망하게 하려 하고 있다고 설득했다.

그래서 우선 부인에게서 설리의 분령을 이탈시켰고, 남편에게서 김종서와 수양대군의 넋을 이탈시키기로 했다.

그렇게만 되면 이들은 다시 정상적인 사람으로 돌아갈 것으로 보였다.

아들은 우선 미국 유학을 단념하고 국내 대학이나 전문대학에 진학할 것이고, 아니면 군대에 입대하여 군 복무를 끝낸 뒤에 느긋한 마음으로 공부를 해서 대학에 진학하게 될 것으로 생각되었다.

지금의 상태에서 억지로 미국에 간다면 그의 몸에 아무래도 큰 불행이 닥칠 것 같은 생각이 들었다.

이런 나의 염려를 그들 부부도 마침내 받아 주었다. 정말 고마운 일이 아닐 수 없었다.

이들의 앞길이 순탄하게 열린다면 나와 관련된 깊은 업장이 또 하나 풀어지는 셈이 된다.

사람의 양심은 스스로를 처벌한다

 어느날, 한 중년부인이 수심에 싸인 어두운 표정으로 나를 찾아왔다. 남편의 이상한 버릇 때문에 몹시 고민스럽다는 이야기였다.
 자기 남편은 평소에는 아주 집안에 충실한 모범적인 사람인데 해마다 8, 9월만 되면 이상한 발작을 일으켜서 큰 망신을 당하곤 한다고 했다.
 남편은 모 회사의 중역인데, 갑자기 사람들이 보는 앞에서 여직원을 와락 끌어안아 큰 소동을 일으키곤 한다는 이야기였다.
 평소에 여직원을 좋아해서 은밀히 교제를 한 것도 아닌데 느닷없이 이런 짓을 해대니, 여직원은 비명을 지르게 마련인데 이번에도 같은 일이 일어나서 여직원은 사직서를 썼다고 했다.
 회사에서는 자기 남편의 이상한 발작을 모두 알고 있지만, 일을 낭한 여직원의 경우는 충격이 클 수밖에 없었고, 나중에 남편은 몹시 후회를 해 보지만 해마다 같은 시기가 돌아오면 이같은 괴상한 발작이 재발하기 때문에 그 원인을 알아서 조처해줄 수 없겠느냐고 부인은 애원하다시피 했다.

조선시대 중종 때가 아니었던가 한다. 충청도 어느 고을에 한 선비가 있었다. 과거에 두 번이나 낙방해서 그 부인은 백일치성을 드린다고 찬물을 몸에 끼얹는 고행을 하다가 독감에 걸렸던지 그만 하루 아침에 세상을 뜨고 말았다.

죽어가는 순간 부인은 간절한 어조로 유언을 했다.

"이번 세번째 과거에는 꼭 급제하도록 하세요. 저승에서도 지켜보고 있을께요."

선비는 열심히 공부를 했다. 그런데 과거를 보러 상경하던 도중에 길을 잃어 산 속을 헤매게 되었다.

밤은 점점 깊어가고 늑대 울음소리도 들리고 으스스했다.

한참 헤매다가 선비는 산 속에서 불빛을 보고 찾아가니 움막같은 초가집 한 채를 발견했다.

문을 두드리니 소복을 한 아리따운 젊은 아낙이 밖으로 나왔다.

6년 전에 시아버지가 돌아가셔서 이곳에 움막같은 초가집을 짓고 남편이 기거하였는데 3년상이 끝나던 날, 남편은 독사에게 물려 운명했고, 남편대신 자기가 움막을 지켜 오고 있는데 오늘이 그 3년상이 끝나는 날이라고 했다.

달리 방이 없어서 두 남녀는 한 방에서 하룻밤을 지내게 되었는데 밤중에 여인이 선비의 품속을 파고들었다.

죽은 남편의 모습과 너무도 닮아서 자기도 모르게 품속으로 파고들었노라고 여인은 버젓하게 사랑을 호소했다.

선비는 당황했다. 죽은 아내의 얼굴이 눈앞에 떠올랐다. 자기는 무슨 일이 있어도 이번 과거에 급제해야 하며 그 전에 여인을 품에 안는다는 것은 죽은 아내를 보아서도 있을 수 없는 일이라고 했다.
 그러나 과거에 급제한 뒤에는 보쌈을 해서라도 여인을 아내로 맞이하겠노라고 했다.
 여인은 흐느껴 울뿐 아무 말이 없었다.
 다음 날 선비가 작별을 고하고 떠나는데 움막에서 불길이 치솟았다.
 "선비님은 이 몸에게 씻을 수 없는 망신을 주었어요. 죽음으로써 이 한을 풀 수밖에 없어요."
하고 울부짖는 여인의 목소리가 등 뒤에서 들리는 듯 했다.
 "이 선비가 어쩌면 부인 남편의 전생인 것 같습니다. 남에게 큰 망신을 주어서 죽게 했다는 양심의 가책이 심층의식에 남아 있어서 망신을 자초하는 것 같습니다."
하고 나는 설명했다.
 그들 부부는 제령을 받았다. 남편의 이상한 병이 과연 완쾌되었는지는 좀 더 두고 볼 일이다.

2100년의 시대

 누구나 알고 있듯이 우리가 살고 있는 세계는 시간이 과거에서부터 미래를 향해 흐르는 직선 위에 놓여 있고, 우리는 언제나 현재라는 시간 속에 갇혀 있게 마련이다.
 그 누구도 '어제'라는 과거로 돌아갈 수 없고, '내일'이라는 미래로 갈 수 없는게 현실이다.
 그런 것은 누구나 다 알고 있는 상식인데 무슨 새삼스러운 소리냐고 탓할 사람도 많으리라고 생각하지만, 우리가 죽은 뒤에 가는 저승은 이와는 반대의 구조라는 생각을 해본 사람은 별로 많지 않으리라고 본다.
 어제도 오늘도 내일도 동시에 존재하는 '시간의 벽'이 없는 곳이 저승임을 알아야 한다.
 다시 말해서 5천년 전에 죽은 사람도, 어제 죽은 사람도, 내일 태어날 사람의 혼도 함께 존재하는 곳이 바로 저승이기 때문이다.
 그러나 이승은 시간의 벽으로 둘러싸여 있지만 인연으로 만나는 곳이기 때문에 어떤 인연이 있는 사람들끼리 함께 살게 마련이고, 뜻이 맞지 않더라도 부자로 태어나면 아침 저녁으로 만나야 한다.

그러나 저승은 마음의 파장(波長)이 틀리는 사람들끼리는 절대로 만날 수 없는 것이라고 한다.

또한 이승 사람들은 태어나기 전 저승에서 있었던 일들을 기억하지 못하지만, 반대로 저승 사람들은 죽기 전 있었던 일들을 기억하고 있다고 한다.

하나에서 열까지 서로 반대되는 입장에 있는 게 이승과 저승이라고 생각하면 될 것 같다.

우리나라 사람들은 죽었다는 뜻으로 '돌아간다'는 말을 쓴다.

그것은 인간의 영원한 고향은 어디까지나 저승이고, 이승은 잠시 여행 온 곳에 지나지 않기 때문이다.

그런 가운데 나라는 사람은 남달리 유체가 발달되어 있어서 저승과 이승 사이를 어느 정도 왔다 갔다하는 괴짜 인간인 셈이다.

마음을 육체에서 분리시켜서 이승 아닌 저승을 여러 번 다녀온 일이 있었다. 미래 세계에 잠시 다녀온 이야기를 적어볼까 한다.

어느 날 나는 몇 명의 정신병자를 접대하고 굉장히 피곤함을 느껴서 사무실에서 집으로 돌아와 자리에 누웠다.

조용히 두 눈을 감고 자리에 누워 있는데 갑자기 '퍽'하는 소리가 들렸다.

정신을 차려보니 나는 유체이탈을 하고 있었다.

시체와 같이 누워 있는 자신의 육체가 저 아래로 보였다.
"여보게, 자네 오늘은 나하고 함께 미래의 세계에 나들이 가지 않겠나?"
하는 굵은 목소리가 들렸다.
깜짝놀라 돌아다보니 웬 수염이 하얀 노인이 내 곁에 떠 있었다.
어디서 많이 본 낯익은 얼굴이었다.
누굴까 하고 생각하는데,
"놀라지 말게. 나는 바로 자네의 보호령(保護靈)이고 또한 자네 자신의 본체이기도 하다네!"
"좋습니다. 안내해 주십시오."
하자 내 눈 앞에는 오색으로 빛나는 커다란 터널이 나타났다.
우리 두 사람은 급기야 그 터널 속으로 빨려 들어갔다. 그 순간, 정신이 아득해지는 것 같았다.
다음에 정신을 차려보니 우리는 하늘을 날고 있었다.
밑을 내려다보니 나무들이 무성한 것으로 보아 시골인듯 했다. 그런데 도로가 거의 보이지 않았다.
또한 하늘에는 계란 모양을 한 이상한 비행물체들이 수없이 날고 있었다.
"저게 무어죠?"
"미래세계의 교통기관이라네. 반중력(反重力) 엔진이 발명된 뒤로는 자동차는 모두 자취를 감추었다네."
"그래요, 지금이 언제죠?"
"서기 2100년이라네."

"네, 그러면 1백년 이상 미래의 세계로군요."
"그렇다네!"
"여기가 한국입니까?"
"그렇다네."
그 순간 나는 불현듯 알고 싶은 것이 머리에 떠올랐다.
"아직도 남북한이 서로 대립하고 있어요?"
"아니라네. 아시아 연방이 구성되어서 아시아 지역의 아홉 개 나라는 하나나 다름없이 되었다네."
"……"
"한국의 대통령이 된 분의 제안으로 처음에는 중국과 대만, 북한과 대한민국이 하나가 되었다네. 그러나 연방정부(聯邦政府)는 공해문제와 자원문제, 인구문제만 조절할 뿐, 나머지는 각 나라가 자유스러운 입장이라네!"
"그럼, 한국이 통일이 된 것은 아니로군요."
"그야 그렇지. 하지만 예전과 같은 적대관계는 아니라네. 서로 여권만 있으면 언제든지 방문할 수 있는 곳이 되었어."
"놀라운 일이군요."
"중국은 공해없는 농산물을 생산하는 농업국이 되었고, 한국인들 가운데 1천만명 가까운 사람들이 대륙으로 이민을 했고, 한국은 농업을 폐지했으며 중소기업, 경공업 전문의 나라가 되었다네!"
"네!"
"그리고 만주의 안동성(安東省)과 길림성(吉林省)도 북한과 남한의 공동 통치하에 있어서 고구려의 옛 영토를 되찾은 셈이지."

"네! 그렇다면 다른 나라들은 어떻게 되었나요?"
"남북 아메리카는 아메리카 연방, 아프리카는 아프리카 연방, 유럽은 유럽 연방이 되었다네. 이를테면 지금은 연방시대이고 이제 멀지 않아서 세계연방으로 통일이 될 것이라고 하네."
"다행하게도 지난 100년 동안에 핵전쟁은 일어나지 않았군요!"
"그렇다네. 그 뒤 인류는 핵전쟁의 공포에서 영원히 해방되었다네!"
"잘 알겠습니다."
"그러나 한가지 명심할 것은 지금 자네가 보고 있는 것은 영계에서 마련한 하나의 청사진의 세계이지, 실제 미래세계는 아니라는 점이야!"
"네?"
나는 무슨 뜻인지 몰라 어리둥절할 수밖에 없었다.
"현실세계에서 어떤 일이 일어나려면, 사람들의 마을 속에 소망이 있어야 하네. 그 소망이 생기면, 지금 자네가 본 것과 같은 세계가 우선 먼저 영계의 미래세계에 나타나게 되고, 그 다음에 현실화되는 것이라네."
"잘 알겠습니다."
"아무튼 사람들이 원하지 않는 일들은 결코 생기지 않는 것이라네."
그 다음 순간, 나는 또다시 '퍽'하는 소리를 들었고, 다시금 눈앞에 커다란 소용돌이가 나타나 그 속으로 빨려 들어갔다.

정신을 차려보니 나는 낯익은 내 방에 누워 있었다. 그러나 하늘 위에서 내려다 본 미래의 한국의 모습은 너무나도 생생했다. 그런 평화스러운 날이 찾아오기를 바라는 마음 간절하다.

나는 나의 보호령의 인도로 저승에 가서 그곳에 마련된 미래세계의 청사진을 보고 와서 얼마나 마음이 놓였는지 모른다.

우리 모두가 노력하면 반드시 좋은 세상은 다가오리라.

죽을 때는 체중감소

　최근 심령과학의 지식이 밝힌 바에 의하면 저승과 이승은 파장(波長)이 서로 다른 세계일 뿐 어쩌면 같은 공간 속에 동시에 존재할 가능성도 있다고 했다.
　그런 뜻에서 유령을 본다는 것은 잠시 유령이 존재하는 세계의 파장이 이 세상의 파장과 같아졌기 때문이라고 할 수 있다.
　나는 어느 때 부터인지, 유체이탈(幽體離脫)이 아닌 상념이탈(想念離脫)을 함으로써 육체는 이승에 남겨둔 채 마음만 저승에 갔다 올 수 있게 되었다.
　그 이야기를 해볼까 한다.
　1986년 5월에 있었던 일이다.
　그때 나는 일본에 살고 있는 회원들과의 모임을 위하여 동경에 와 있었는데 나하고 절친한 사이며 일본의 저명한 컨설턴팅인 후나이 유끼오(舟井幸雄)씨로부터 긴급전화가 걸려 왔다.
　"저희 회사의 여직원 동생이 교통사고를 당해서 중상(重傷)을 입었는데 의식불명의 상태입니다. 모든 수단을 다해 보았지만 전혀 살아날 가망성이 없습니다. 어떻게 심령치료로 살려낼 수는 없을까요?"
하는 부탁이었다.

　나는 그에게 동생의 사진을 가져오게 했다.

　우선 사진을 통하여 강렬한 염파(念波)를 보냈다. 그런 후에 나는 환자의 사진을 손바닥에 놓은채 두 눈을 감고 상념이탈을 했다.

　다음 순간, 나는 어딘지 모를 어둠 컴컴한 곳에 가 있었다.

　앞에 커다란 문이 보이고, 그 앞에 많은 사람들이 줄을 지어 서 있었다.

　저승으로 들어가는 입구라는 생각이 들었다. 늘어선 사람들 속에서 교통사고를 당한 젊은이를 찾아내는 것은 그리 어려운 일은 아니었다.

　나는 저승의 문지기에게 이 사람은 아직 죽을 때가 되지 않 았으니 다시 이승으로 내가 데려간다고 말하고, 둘이 함께 그 자리를 떠났다.

　다음에 정신을 차려보니 병원의 응급실이었다. 침대 위에는 산소마스크를 한 젊은이가 누워 있었다.

"자 늦기 전에 어서 자기 몸으로 들어가시오."
하고 나는 환자를 힘껏 떠다밀었다.

　두 눈을 뜨니 조수(助手)인 다쓰미군(辰尾君)이 걱정스러운 표정으로 들여다보고 있었다.

　10분쯤 지난 뒤에 전화를 해보니, 방금 전에 환자는 기적적 으로 의식을 회복했노라고 했다.

　한달이 지난 뒤에, 그 젊은이는 아무런 후유증 없이 퇴원했고 누나와 함께 나에게 인사를 하러 왔다.
 병원에서는 도저히 있을 수 없는 일이 일어났노라고, 모두 기적이라고 말했다는 이야기였다.

 또 몇년 전 일본에 갔을 때 겪은 체험담 하나를 소개하고자 한다. 남편은 치과의사였고 자기보다 나이가 다섯 살이나 아래였는데 최근에 암으로 죽었다고 했다.
 그런데 이 죽은 남편이 밤마다 자기를 찾아와 육체관계를 갖는다고 했다.
 또 전화가 걸려와 수화기를 들어보면 분명 죽은 남편의 목소리가 들려온다고 했다. 자기 친구에게도 죽은 남편이 몇 번이나 전화를 건 일도 있노라고 했다.
 나는 그녀의 남편 사진을 손에 쥐고 상념이탈을 했다.
 어두운 곳이 보였다.
 침침하고 어두운 곳에 한 사나이가 웅크리고 앉아 있었다.
 "지금 당신의 남편이 무엇인가 이야기하고 싶어하는 데 들어보시겠어요? 평소의 남편의 말투와 같은 데가 있나 확인해 보세요."
하고 나는 침침한 곳에 웅크리고 있는 사나이의 목소리를 그대로 전해 주었다.
 "기미꼬, 정말 미안하구나! 살아있을 때는 너희들에게 폐만 끼친 것을 정말 미안하게 생각한다. 나는 죽은 뒤에도 내 마음이 존재하리라고는 믿지 않았었다. 놀라운 일이 아닐 수 없다. 어떻게 나를 이 어두운 곳에서 빠져나가게 할 수는 없겠느냐?

부탁한다."

"바로 맞았습니다. 평소의 저의 남편의 말투 그대로입니다."
돌아보니 부인은 눈물을 흘리고 있었다.
나는 다시 두 눈을 감았다.
어두운 곳에 웅크리고 있는 사나이가 보였다. 마음속으로 '빛이여 나타나라!'하고 외쳤다.
그 순간, 그 사나이가 있는 곳 어디선지 강렬한 빛 한줄기가 비쳐 들어왔다. 동시에 방금 내가 마음속으로 외친 '빛이여 나타나라!'는 목소리가 크게 메아리쳐 들렸다. 빛은 더욱 강력해지면서 주위의 어둠은 깨끗이 사라졌다.
정신을 차려보니 그 사나이만 웅크리고 있는게 아니었다. 수많은 사나이들이 하나같이 웅크리고 있는게 보였다.
밝은 빛이 한줄기 무대의 스폿트 라이트처럼 비쳐들자, 모두 그 빛에 빨려 들어가 높은 하늘을 향해 날아 올라갔다.
다음 순간, 나는 두 눈을 떴다.
나도 모르게 부인 앞에서 덩실덩실 춤을 추었다. 그러면서 내 목소리가 아닌 낯선 일본어로 이렇게 이야기했다.
"나는 안선생님 덕분에 구제되었다. 살아서는 너희들에게 폐만 끼쳤지만 이제는 보호령이 되어서 너희들 모녀를 지켜주련다. 좋은 인연이 있으면 다시 재혼을 하도록 해라. 방해는 하지 않을테니 안심해라!"
부인은 이렇게 말했다.
"저희가 언젠가 며칠동안 집을 비운 일이 있었습니다. 그때 집에 돌아오니까, 남편은 지금 안선생님이 추신 것과 같은 춤을 추었습니다. 남편의 영혼이 구제된 것이 틀림없습니다."
하고 부인은 눈물을 흘렸다.
 여지껏 어둠컴컴하던 유계에서 빛이 찬란한 영계로 승천(昇天)한 그녀 남편의 기쁨이 어떤 것인지 나는 어렴풋이 짐작이 간다.
 며칠이 지난 뒤였다.
 그 부인에게서 전화가 걸려 왔다.
 "이제는 남편에게서 오는 파장이 상쾌합니다. 밤마다 나타나던 일도 없어졌습니다."
하는 그녀의 목소리는 아주 명랑했다.

 우리가 죽음을 두려워하는 것은 죽음의 세계를 모르기 때문이다.
 사람은 그 누구나 언젠가 한번은 죽게 마련인 것이고, 이 운명에서 벗어날 수 있는 방법은 없다.
 그렇다면 아직 살아있을 때에 죽음 저 너머의 세상에 대해 잘 연구해 둘 필요가 있지 않을까?
 인간에게는 누구나 영혼이 있고, 그 영혼은 영생불멸의 존재라고 했다.
 사람이 죽을 때, 모두 한결같이 35g의 체중감소가 있는 것을 조사하여 영혼의 무게는 35g라는 논문을 쓴 의학자도 있다.
 인간이 태어나는 목적은 윤회전생을 통해 많은 경험을 얻음으로써 신적(神的)인 존재로 진화하기 위한 것이리라.
 나는 심령과학자가 된 뒤로 귀신들과 대화하는 것이 습관이 되었고, 그런 뒤로는 공포영화를 보아도 하나도 무섭지 않다.
　사람은 누구나 잘 아는 일에 대해서는 공포를 느끼지 않는 일이기 때문이다.
　나는 생각한다.
　생각하기에 따라서 저승과 이승과의 차이는 종이 한 장의 차이라고…. 그리고 누구나 밤마다 꿈을 꾸므로써 이승과 저승 사이를 넘나들고 있는게 아닌가 생각한다.
　매일 밤 사람은 누구나 죽었다가 아침이면 다시 태어난다고 생각하면 죽음에 대한 공포는 훨씬 덜해질 것이다.

인연을 맺어주다

 나는 그동안 수많은 사람들을 만났고, 숙명통(宿命通)의 신통력을 얻은 덕분에 많은 사람들의 인연풀이를 해줬다.
 사람과 사람의 만남이 모두가 나름대로 서로 원인이 있어서 비롯되는 것이고, 또한 그 인연이 다할 때, 어제까지의 다정하던 부부가 생이별을 하거나 사별을 하게 되는 것이라고 생각된다.
 남녀 사이에는 선악은 존재하지 않으며 다만 어떠한 인연이 있었는가 하는 것만이 문제일 따름이다.
 남녀가 서로 만나서 잠시나마 정을 맺는 것은 알고 보면 지나간 세상에 그럴만한 원인을 만들었기 때문에 인연이 생기나, 또한 그 인연이 다하면 언제 서로를 좋아했더냐 싶게 헤어지기도 하고, 사별(死別)하기도 하는게 이 세상의 이치가 아닌가 한다.
 이번에는 내가 가까이에서 겪은 이런 이야기를 하나 소개하여 볼까 한다.
 김충량(金忠良)군 (가명)은 나의 고등학교 후배이기도 하고 10여년 전부터 나를 따라 온 제자의 한 사람이기도 하다.
 그가 처음 나를 찾은 것은 대학시절이었는데, 어느덧 세월이 지나다 보니 그도 30세가 훨씬 넘게 되었다.

그는 그의 집안의 장손이기도 하고 본인은 물론이고, 그 가족들도 빨리 좋은 인연이 나타나기를 바라고 있었는데 그것이 좀처럼 뜻같이 되지 않았다.

김군은 내 밑에서 오랫동안 수도한 덕택에 나름대로 어느 정도의 '숙명통'의 능력을 갖고 있었다.

그런 김군이 하루는 나를 찾아왔다.

"내년 4월 초에는 인연있는 여인을 만날 것 같습니다."
라는 말을 했다.

꿈을 통하여 계시(啓示)가 있었다는 것이었다.

얼굴이 갸름하고 아주 특색있는 인상을 풍기는 여인이라고 했다. 그러나 아무리 생각해도 자기 주변에는 현재 이런 여인은 없다고 했다.

"꿈속에서 아, 이 여자가 내 배필이로구나, 하는 느낌이 들었지요. 어디선가 많이 본 얼굴인데 누군지는 영 알 수가 없었죠. 지금 같아서는 한강 모래사장에서 바늘을 찾는 것 같은 이야기죠."

하고 김군은 허망한 꿈을 믿고 자기의 배필을 찾으려는 노력이 어이가 없는 것 같은 태도였다.

"아니야. 그렇게만 말할 것만도 아닐세. 자네의 천생배필을 만나고저 하는 소망이 하도 간절해서 하늘이 감동하여 꿈을 통하여 미리 알려준 것이라고 생각되네."

하고 나는 그를 위로해 주었다.

그러나 해가 바뀌고 4월에 들어서였다. 하루는 그가 밝은 표정으로 나를 찾아왔다.
 "꿈속에서 만났던 그 여성을 드디어 찾아냈습니다. 알고 보니 지금부터 약 9년 전에 잠시 사귄 일이 있었던 여성이었습니다. 그때는 제가 대학생이었고 아직 결혼 같은 것을 생각할 수 있는 처지가 아니었습니다. 또한 제가 감당하기에는 벅찬 여성이라는 생각이 들어서 흐지부지 만나지 않게 되었던 것이었죠."
 "그래서?"
 "그런데 최근에 어느 서점에 들렀다가 심령과학에 관한 번역책을 발견했는데, 그 책의 번역자가 9년 전에 헤어진 여자의 이름이었기에 혹시 동명이인이 아닌가 해서 출판사에 문의를 해봤더니 제가 아는 여성이 분명했습니다."
하고 김군은 자초지종을 자세히 이야기했다. 그녀는 F대학의 전임강사라고 했다. 김군이 룸펜이나 다름없는 입장에 비하면 우선 사회적으로 좋은 위치에 있는게 분명했다.
 서른이 넘었는데 아직 독신인 게 이상했으나, 아무래도 그녀에게는 장래를 약속한 남자가 있는 것 같아서 불안하다고 김군은 말했다.
 "그녀에게 정말 사랑하는 남자가 있다면 아직까지 독신일 까닭이 없네. 무엇인가 좋은 핑계를 대어서 내 앞으로 데려와 보게. 그러면 그녀와 자네와의 과거의 인연을 알아볼 수 있을 걸세. 과거가 있어서 오늘의 만남이 있는게 아닌가. 그 사연을 분명히 알 수만 있다면 내일의 인연을 맺게 할 수도 있는 일이 아니겠는가?"
하고 나는 김군을 격려했다.

며칠 뒤였다.

김군으로부터 전화가 걸려 왔다.

"그녀의 어머님이 중한 당뇨병으로 입원중이신데 안선생님이 도울 수 있다는 이야기를 했더니 한번 만나뵙게 해달라는군요."

나는 쾌히 승낙을 해서 시간 약속을 했다.

다음 주였다고 생각된다.

김군이 그 여자를 데리고 나를 찾아왔다. 우선 어머니의 병에 대한 이야기부터 했다.

내가 발견한 '옴 진동수' 복용에 의하여 당뇨병 환자가 완치(完治)된 예는 수 없이 많다는 이야기를 해주고 그녀의 어머니를 모시고 오라고 권유했다.

"아가씨의 전생(前生)을 보니, 장량(張良)의 사촌 누이동생이었구려. 역사상에는 나타나 있지 않지만, 세상에 나오기 전에 정량을 많이 도와준 것 같군요. 그런데 김군은 전생이 바로 장량이었으니 좋은 인연이라고 생각해요. 혹시 교제하는 사람이 없으면 김군과 결혼하는게 어떻겠소."

하고 나는 단도직입적으로 이야기를 했다.

그 순간이었다.

그녀는 얼굴이 빨개졌고 노기 띤 표정으로 나를 날카롭게 바라보았다.

"안선생님답지 않은 말씀이군요. 저는 어머님의 병을 의논드리러 온 것이지 제 혼사문제 때문에 온게 아닙니다. 저에게는 벌써 몇년 전부터 장래를 약속하고 사귀어 온 사람이 있습니다."

금시라도 자리를 박차고 일어설 것과 같은 무서운 기세였다.
"나는 그렇게 생각하지 않소. 정말 인연이 있는 남자라면 아가씨를 30살이 넘도록 그대로 두었을 까닭이 없다고 생각하오. 내가 보기에는 김군이 보다 좋은 인연 같군. 결혼하시구려, 결혼하시구려, 결혼하시구려."
나는 이렇게 농담처럼 세 번 결혼하라는 말을 되풀이 했다.
그녀는 몹시 화가 난 표정으로 자리를 박차고 일어났고, 김군의 난처하고 민망해 하는 표정은 내가 보기에도 미안할 지경이었다.
이로써 할 수 있는 일은 다했다고 생각했기에 나는 그대로 잊고 말았다. 그런데 한 일주일이 지났을 무렵이었다.
김군에게서 전화가 걸려 왔다. 지난번에는 여러 가지로 애써 주어서 고맙다는 이야기와 함께 5월초에 날을 잡아서 결혼식을 올리게 되었노라고 했다.
정말 인연이 있는 사람이라면 30살이 넘도록 그냥 처녀로 두었겠느냐고 한 내 이야기가, 그녀가 김군과 결혼을 결심하게 된 결정적인 동기가 되었던게 아닌가 하는 생각이 든다.
어쨌든 과거에 원인이 있어서 오늘의 만남이 있는게 분명하고, 그 과거와 오늘의 인연을 분명히 알게 될 때, 사람의 미래는 결정되는게 아닌가 생각된다.
김군의 결혼식에 내가 주례를 섰고, 그 뒤 김군도 직장이 정해졌고 일년이 지난 뒤에 귀여운 딸을 얻었다.
그들의 가정이 내내 행복하기를 바라는 마음 간절하다.

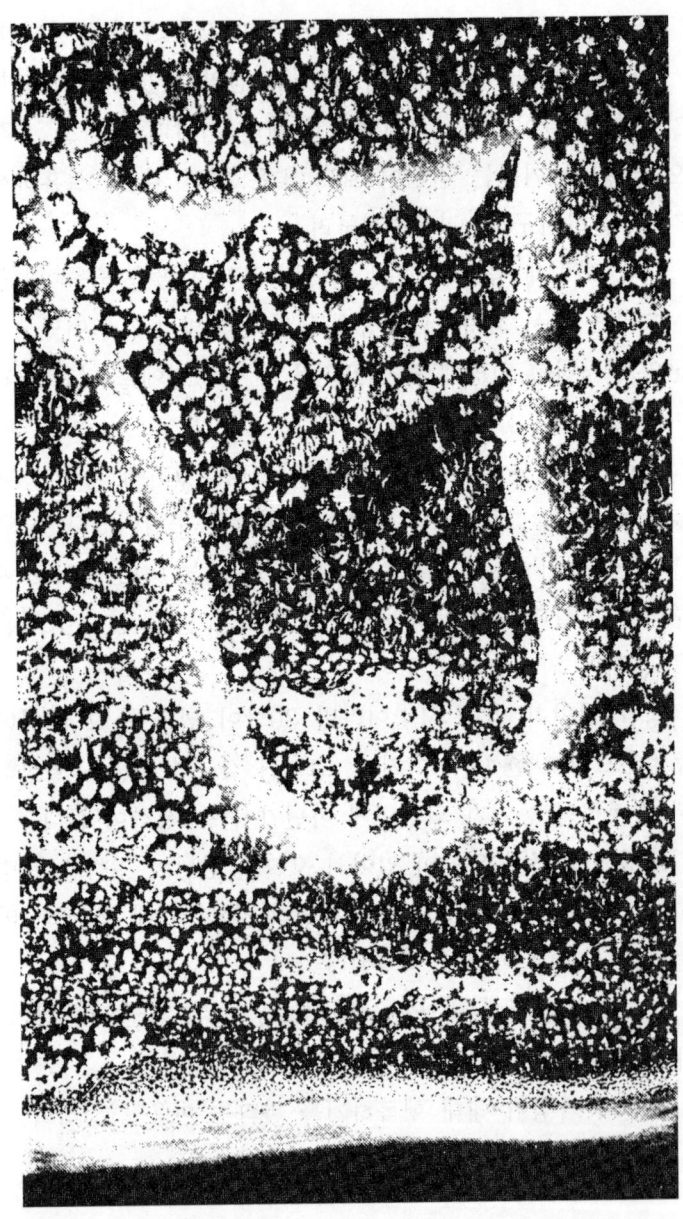

제4부
시공(時空)을 초월한 마음

어느 충신(忠臣)의 후예

 임진란(壬辰亂) 당시 진주 근처 어느 산성(山城)을 지킨 장군의 이야기이다.
 겹겹이 산성을 에워 싼 왜군과 싸우다가 화살도 떨어지고 식량도 떨어졌다. 성주인 장군은 왜군 앞에 항복하는 것을 거부하고 성을 지키던 군사 7백명과 더불어 할복자살을 했다.
 이 이야기는 뒤에 조정에까지 알려져 장군은 충신(忠臣)이라고 해서 나라에서 시호도 내려지고 사당(祠堂)도 지어 주었다.
 그런데 어찌된 일인지 이 충신의 자손들이 번성을 하지 못했다. 대개가 젊은 나이에 요절을 하곤 했다.
 조치원의 어느 초등학교에서 교편을 잡고 있는 박영자〔가명임〕선생이 그 직계 후손이었다.
 "저의 집안은 남자가 일찍 죽습니다. 대개 서른을 넘긴 사람이 없다고 합니다. 그리고 저도 서른 넘도록 출가를 하지 못했구요. 이것이 어찌된 까닭일까요. 나라를 위하여 목숨을 바친 충신의 자손들이 어째서 이 모양일까요?"
 하고 박선생은 하늘을 원망하는 듯 말했다.

"그것은 그렇지가 않습니다. 그때 박장군이 정말로 나라를 위하는 충성이 있었다면 성문을 열고 밖으로 나가서 7백명 군사들과 더불어 적군과 싸우다가 죽었어야 합니다. 결국 박장군은 자신의 명예를 생각한 나머지, 7백명의 젊은 군사들로 하여금 스스로 목숨을 끊게 했다는 것은 아주 큰 죄를 진 것입니다. 할복 자살할 용기가 있다면 성밖으로 나가 적과 싸웠어야 후일을 기약할 수 있었던 게 아니겠어요."

"그러고 보니 그렇군요."

"목숨은 하늘이 주고 하늘이 거두어 가는 것입니다. 인간에게는 태어나고 죽을 수 있는 권리는 처음부터 없다는 것을 알아야지요. 천명(天命)을 다한다는 생각을 갖고 우리는 어떤 역경(逆境)과도 싸워나가야 합니다. 역경을 당한 것은 무엇인가 그것이 우리의 영성(靈性)을 높일 필요가 있어서 주어진 것입니다. 그러기 때문에 가장 큰 죄는 천명을 다하지 않고 스스로 목숨을 끊는 행위입니다."

"그렇군요."

"7백명의 젊은 군사들로 하여금 나라를 위하여 끝까지 싸울 기회를 주지 않고 자결을 시켰다는 것은 용서받지 못할 죄를 범한 것입니다. 만일 산성의 문을 열고 나가서 싸웠다면 그들은 천명을 다하게 되고 또 그중에 몇십명 쯤은 살아남아서 후손을 남겼을 겁니다. 그런데 장군은 그런 기회를 아주 없애 버린 것입니다. 그러고서 어찌 당신의 자손이 번성하기를 바랄 수 있습니까?"

박선생은 고개를 숙인 채 아무 대답을 하지 못했다.

"박선생도 자신을 불행하다고만 생각지 말고 그날 그날 최선을 다해서 살아가십시오. 또 말 한 마디, 행동 하나라도 이웃을 사랑하고 아끼는 정신에 철저하십시오. 사람은 관 뚜껑닫기 전에는 아무도 결론을 내릴 수 없는 겁니다. 오직 이것이 내가 가장 할 수 있는 가장 좋은 행동이다 라고 믿어지는 삶을 살면 되는 것입니다. 심판은 하늘이 내리는 것이지 사람이 내리는 것은 아닙니다. 보십시오, 박장군의 행적에 대해서 사람들은 충신이라는 판단을 내렸지만 하늘은 우주의 섭리를 어긴 죄인으로서 다스리고 있지 않습니까?"
"잘 알았습니다."
하고 박선생은 밝은 미소를 지어 보였다.

빙의된 나의 이야기

언젠가 다른 책에서 이야기 한 적이 있다고 생각되는데 나는 어려서 자란 집안 환경이 종교하고는 거리가 먼 분위기여서 소년시절에는 무신론자(無神論者)였었다.
그러던 것이 어른이 되어 여러가지 신비스러운 일들을 겪는 가운데 어느덧 내 나름대로의 종교관이 서게 되었고, 지금은 확고한 유신론자(有神論者)가 되었다. 그러니까 자기 자신의 체험을 토대 삼아서 정립된 유신론자이고 따라서 내가 현재 지니고 있는 종교관은 아주 뚜렷하다.
빙의 문제만 해도 그렇다. 요즘 거의 매일같이 나를 찾아오는 빙의된 사람들의 이야기를 듣고 보니 나 자신이야말로 아주 오랜 세월에 걸쳐서 빙의되어 있었던 것이 분명했다.
아무런 뚜렷한 병이 없이 항상 머리가 아팠다든가, 아주 어린 소년이 강렬한 성욕을 느꼈다든가, 전혀 배운 일이 없는 여러가지 사실을 알고 있었다든가, 어지러운 증세와 피곤한 느낌을 항상 지니고 있었던 것 등은 빙의된 상태에서 빚어지는 현상인데, 이것은 나 자신 어린 시절의 상태였다.

제4부 시공을 초월한 마음 123

　몇년 전 일이다.
　대연각(大然閣) 호텔에 화재가 난 뒤 몇 달이 지났을 때였다.
　나는 제자들과 더불어 대연각 호텔을 지나가면서 언젠가 체질개선 일로 해서 일본에 가게 되리라는 이야기를 하고 있었다.
　그런데 일본가는 이야기를 한 순간이었다. 갑자기 등골이 오싹해짐을 느끼며 눈 앞이 어지러워지는 기분이 들었다.
　집에 돌아온 뒤에도 구역질이 나고, 어지러운 증상은 멎지 않았다.
　혹시 저녁먹은 것이 체한 것이 아닌가 생각을 했다. 그러나 다음날 아침이 되어도 그런 현상은 멎지 않았다.
　그날 오후 나는 제자가 경영하는 H한의원에 갔다. 양여사에게 어젯밤부터 구역질이 나고 어지러운 증세가 있다고 했더니 그녀는 한동안 물끄러미 나의 얼굴을 보고는 무릎을 치면서 웃었다.
　"아아니 안선생님에게도 빙의가 되는군요. 대연각 호텔에서 타죽은 일본인 두 사람이 빙의되어 있는 것 같습니다. 일본가신다는 이야기를 한 순간 들어온 모양입니다."
　그 말을 듣고 보니, 나의 몸에 일어난 현상이 빙의되었을 때 일어나는 증세인 것이 분명했다. 나는 그 자리에서 조용히 앉아 두 눈을 감고 영사(靈査)를 했다. 그러자 다음과 같은 장면이 보였다. 장소는 어딘지 모르는 시골이었다.
　처음에는 초가집만 보이더니 이윽고 근처 숲에 나오는 사람들을 보니 갑옷을 입은 일본 무사들이었다. 임진왜란 당시의 어느 농촌 풍경인듯 했다. 그들은 손에 횃불을 들고 있었고,

마을의 초가집에 불을 지르고 있었다. 사람들의 아우성 소리가 멀리서 들려오는 듯 했다. 이윽고 마을 사람 두어 명이 뛰어 나왔는데 그들을 강제로 불타는 집안으로 떠다밀었다. 왜군들 가운데 재미있다는 듯이 히죽히죽 웃고 있는 두 사람의 얼굴이 크게 떠오르며 장면은 사라졌다.

　나에게 빙의된 영혼들, 그들은 전생(前生)에서 임진왜란 당시에 조선에 쳐들어 온 왜군인 것이 분명했다.

　나는 그들을 조용히 타일렀다. 전생에서 아무 죄없는 사람들을 불태워 죽였기 때문에 몇백년 뒤에 다시 자기 발로 한국을 찾아와서 불타 죽었다는 것, 영혼은 육체와 달라서 가고저 하면 아무데나 갈 수 있는데 사람의 몸에 빙의해서 고향으로 돌아가야겠다고 하는 생각이 잘못이라는 것, 그들이 돌아갈 곳은 일본이 아니라 저승이라는 것 등을 타이르고 그들의 보호령들을 불러서 나의 몸에서 이탈시켰다.

　그들이 떠나는 순간 머리가 개운해졌다.

　"안선생님 손끝으로 분명히 빙의령들이 나가는 것이 보였습니다."

하고 양여사가 확인해 주었다. 이 밖에도 나는 여러 번 빙의 경험이 있지만 그때마다 나 자신의 힘으로 제령을 했다. 임산부가 아기를 갖게 된 지 서너달 될 때 구역질이 나는 것도 아기의 영혼이 몸 안에 들어와서 생명력을 앗아가고 많은 배기가스를 내 품기 때문에 일어나는 현상이다.

　아기를 임신한다는 것은 결국 자궁 안에 하나의 생명이 기생하여 성장하는 현상인 것이다. 또한 우리가 항상 올바른 마음을 지니고 규칙적인 생활을 하면 빙의령은 가까이 올 수 없는 것이다.

　병적인 음란증도 일종의 빙의현상이라고 생각되며, 빙의된 영혼을 제령시켰더니 충실한 남편으로 돌아온 예가 많다.

　어느 의미에서 우리의 몸과 마음은 무방비상태에 놓여 있는데 앞으로 많은 사람들이 심령현상에 대한 뚜렷한 지식을 갖게 되면, 빙의되는 현상도 어느 정도 막을 수 있을 뿐만 아니라, 자신의 병세가 빙의령때문에 생긴 것인지 아닌지를 쉽게 판단하게 되리라.

　초상집에 문상을 갔다가 병을 얻는 수가 많은데, 이런 것은 빙의된 대표적인 경우라고 할 수 있다.

한국인으로 재생한 외국인들

그동안 몇년에 걸친 경험을 종합해 보면, 사람이 윤회하는 동안, 여러 시대, 여러 나라의 국민으로 태어난다는 사실을 알 수 있었고, 나와 같은 입장에 서고 보면 자연히 세계를 하나의 단위로 생각하게 된다.

아니 세계가 하나의 단위라기 보다는 이 우주가 하나의 커다란 단위임을 알 수 있다. 때로는 동물이 인간이 되기도 하고 또 그 반대인 경우도 있다.

자연계의 정령(精靈)이 인간으로 태어나는 경우도 있다.

이렇게 볼때 우주 대생명(宇宙大生命)에 근원을 두고 모든 생명은 그 진화 상태에 따라서 여러가지 형태를 취하는 것이다.

또한 그런 생명의 근원이 되는 우주 대생명을 하나님이라고 부르는 게 아닌가 하는 생각이 들기도 한다.

생명은 그 자체가 하나의 질서를 지니고 있으므로 그 질서를 스스로 해쳤을 때는 병들게 되고 무너지는 것이다.

지금부터 그 사례들을 이야기해 본다.

A. 첫번째 이야기

지난해 봄이었다. 한때 영화 제작자로 유명했던 호현찬씨 부인이 나를 찾아왔다.

상당히 심한 신경통 증세때문에 많은 고통을 받고 있었다.

체질개선 시술을 며칠 받고 신경통은 깨끗이 사라졌다. 그런데 그녀는 불심(佛心)이 두텁고 윤회설을 굳게 믿는 사람이어서 자신의 전생(前生)이 무엇인지 가르쳐 달라고 했다.

"부인께서는 전생에는 프랑스 사람이었던 것 같습니다. 프랑스의 브르타뉴 지방에서 큰 목장의 여주인이었는데 생전에 제비꽃을 굉장히 좋아해서 자기가 죽거든 관(棺) 속에 제비꽃을 가득 넣어달라고 유언까지 하셨군요."

"네, 제가 지금 제일 좋아하는게 제비꽃입니다. 그리고 남편과 같이 구라파 여행을 갔을 때 프랑스의 브르타뉴 지방을 찾아 간 일이 있는데 그곳 풍경이 낯설지 않았고 그냥 눌러 살고 싶은 생각이 들었습니다."

다음 날 부인은 딸을 데리고 와서 나의 연구원을 찾아왔다. 딸의 전생도 알고 싶다는 것이었다.

"따님은 전생이 사람이 아니군요. 제비꽃의 정녕(情靈)이 처음으로 인간으로 태어난 게 분명합니다. 따님은 도심지에서 사는 것 보다는 산 근처에 사는 게 건강에 좋겠고, 예술에 대해서 뛰어난 천분(天分)이 있겠고, 또 자기보다 나이가 훨씬 위인 남성으로부터 지극한 사랑을 받기가 쉽겠습니다. 같은 나이 또래의 남자와 결혼하면 행복하기가 어렵겠어요. 몹시 수동적이고 내성적인 성품인 것 같습니다."
 딸은 시인(詩人)으로서 신인문학상을 탄 일도 있노라고 했다.
 어머니가 전생에서 제비꽃을 지나치게 좋아했기에 꽃의 정령이 모녀(母女)의 인연을 맺고 태어난 경우이다. 사람의 마음의 힘, 애착이 다음 번 생애에서의 운명을 바꾸어 놓은 좋은 실례(實例)가 아닌가 한다.
 그 뒤 부인에게서는 아무런 연락이 없었기에 딸의 결혼 여부에 대해서는 아는 바가 없다. 전생의 인연을 알면 앞으로의 처신에도 큰 도움이 되리라.

B. 두번째 이야기

 몇해 전 일이다. 하와이로 이민간 교포 미용사 한 사람이 심한 신경통때문에 고생을 하다가 그곳 병원에서 좋은 효과를 거두지 못하여 고국에서 치료받으러 돌아왔다가 나를 찾아왔다. 그녀는 약 일주일 가량 시술을 받은 뒤 몸이 완쾌되었는데 하와이에 막상 이민을 가보니 고국을 떠난 것이 몹시 후회스럽다고 했다.
 "왜 그런지 불안합니다. 화산(火山)이 폭발해서 섬이 바다로 가라앉을 것만 같이 느껴지거든요. 옛날 중국의 어떤 사람이 하늘이 내려앉을까봐 걱정을 했다는데, 저도 이것이 일종의 노이로제가 아닌가 싶어요. 그런데 왜 이런 기분을 느끼는지 그 이유를 모르겠어요."
 내가 그녀에 대하여 영사해 보니 그 이유가 설명되었다.

아득한 옛날, 지금부터 2천년 전이 아니었던가 한다. 하와이의 어느 섬에 살던 원주민 한 사람이 바다에 고기를 잡으러 나간 사이에 화산이 폭발하여 그가 살던 섬은 순식간에 바다 속에 가라앉았다.

몹시 당황한 그는 배를 돌려서 근처 다른 섬으로 가려고 했는데 그만 해류(海流)에 휩쓸려서 정처없이 표류하는 몸이 되었다. 얼마를 표류했던지 여러 날, 아니 어쩌면 한달 가까운 시간이 흘렀다. 그가 정신을 차려보니 낯선 바닷가에 쓰러져 있었다. 그곳이 아마 지금의 목포 근처 어느 바닷가가 아니었던가 싶다.

그는 결국 그곳에 상륙해야 했고, 급기야는 귀화를 했다. 그 뒤 그는 한국인으로 여러번 재생(再生)을 했다. 마지막에는 여자로 태어나기도 했다. 그러다가 대한제국 고종 황제 시대에 하와이에 망명한 사람으로부터 청혼을 받아 하와이로 이민을 했다. 그러나 몇천년만에 돌아온 하와이에서의 이민생활은 고달프기만 했다. 다시 고향으로 돌아오는 게 소망이었기에 그녀가 죽자 다시 한국 땅에서 재생했다. 그러나 한국에서 살다보니 역시 사정은 어려웠다. 그래서 다시 고향으로 찾아 간 것이었다.

"그러니까 지진에 대한 공포증은 심층심리 속에 심어진 오랜 옛날의 기억때문에 생긴 것입니다. 그러니까 그렇다는 사실을 분명하게 인식하게 되면 그런 공포심은 자연히 사라지게 됩니다."

그 뒤 얼마 지나서 그녀는 다시 하와이로 돌아갔고, 아무런 소식이 없다.

외국으로 이민가는 사람들도 역시 알고 보면 무엇인가 전생(前生)에서부터 인연이 있던 나라를 찾아가는 게 분명하다.

C. 세번째 이야기

'북극성에서 온 사람들'속에서 언급한 김명자씨에 대한 이야기를 다시 더 적어보기로 한다.

김명자씨는 둘째 아들을 일찍 잃었는데 항상 죽은 아들에 대해서 못잊어 하고 있었다고 한다.

어느 날 꿈에 죽은 아들이 나타나서, '어머니 저는 다시 어머니의 자식으로 태어나게 될 거예요.'라고 말한 적이 있는데 이내 태기(胎氣)가 있었다고 한다.

그런데 임신중에 한번 사경(死境)을 헤맨 일이 있었는데 무사히 그 고비를 넘기고, 지난 해 12월에 순산을 해서 귀여운 딸을 낳았다. 그런데 산월(産月)을 2개월 정도 앞두고 아주 이상한 꿈을 꾸었다. 저녁때 남편이 늦게 집에 들어왔는데 누군가 계집아이가 그 뒤를 따라 들어온 인기척이 났다는 것이었다.

꿈은 아주 단순했지만, 깨고 나서도 왜 그런지 몹시 마음에 걸리더라고 했다.

"이번에는 틀림없이 따님을 낳으시겠군요."
하고 풀이해 주었었는데 그 뒤 얼마가 지난 뒤 또 다시 아주 이상한 꿈을 꾸었다는 것이었다. 꿈 속에서 그들 부부는 어느 노인의 초대를 받았는데, 그 노인은 깊은 동굴 속에 살고 있었다고 한다. 동굴 속에 들어가니까 노인이 나와 마중하면서 '세상에서 보기드문 신기한 일을 보여 드리지요'하고 어느 방으로 안내하는데, 그 방안에는 그림같이 어여쁜 여자가 잠들어 있었다고 한다.
 "이 여자는 고대(古代) 중국에서 크게 이름을 떨친 재색(才色)을 겸비한 여자였습니다. 자아 보십시오."
하고 노인이 손으로 가리키니까 그 젊은 미녀를 그 자리에서 보기 흉한 노파로 변하더니 다시 이번에는 백골이 되었고, 이어 가루가 되더니 갓난아이의 모습으로 바뀌더라는 것이었다.
 그러자 그 노인이 갓난애를 안아서 김명자씨 무릎 위에다가 내려놓는 순간, 깨어보니 꿈이었다는 것이다.
 "김여사님께서는 따님의 전생(前生)의 모습을 꿈에서 본 것입니다."
 "정말 그럴까요?"
 "네. 틀림없습니다. 이 다음에 커서 훌륭한 사람이 될게 분명합니다."

D. 네번째 이야기

 인도네시아에 파견 나간 H건설의 직원 부인이 갑자기 심한 노이로제 증상을 일으켜서 본국으로 돌아온 길에 나의 연구원에 찾아왔다.
 증상은 금시라도 꿈이 막혀 죽을 것만 같은 공포심의 노예가 되어 있었고, 식사도 거의 못하고 잠도 제대로 이루지 못한다고 했다.

전날, 그녀의 어머니가 나로부터 체질개선 시술을 받고 거의 기적적으로 중병에서 회복된 일이 있어서 어머니가 데리고 왔다.

"아무래도 제가 보기에는 무슨 영혼이 빙의된 것만 같아서 데리고 왔습니다."

나는 그녀를 앞에 놓고 조용히 영사(靈査)를 했다.

"이 병은 시장(市場)에 물건을 사러갔다가 생긴 것 같은데요."

"네, 맞습니다. 시장 길거리에서 파는 음식을 사먹는 순간, 기분이 이상해졌습니다."

"그 자리에서 아마 얼마전에 사고가 있었던 것 같습니다. 바닥에 돌이 깔려있지 않았습니까?"

"네, 맞습니다."

"어느 날 스쿠터를 타고 가던 수도라라는 이름을 가진 인도네시아 사람이 그곳을 지나다가 갑자기 간질 발작을 일으켜서 쓰러지면서 돌바닥에 머리를 박고 죽었던 게 분명합니다. 죽는 순간, 그 사람은 기절을 했었죠. 그 뒤 며칠이 지난 뒤[그러니까 시체가 치워진 뒤였습니다] 그는 다시 정신이 들었습니다. 하지만 영혼은 자기가 죽었다는 사실을 모르고 있었습니다. 그 때 아주머니가 그곳을 지나는 순간 빙의된 것입니다."

"저하고 무슨 인연이 있었기에 그런 일이 생긴 것일까요?"

아주 오랜 옛날 일이었다.

인도네시아 사람들이 탄 고기잡이배가 풍랑을 만나서 표류를 하게 되었고, 결국 얼마 뒤에 이 배는 지금의 군산 앞바다로 떠밀려 들어왔다.

때는 백제 근초고왕(近肖古王) 시절이 아니었던가 싶다.
 간신히 한 명 살아남은 인도네시아 사람은 결국 백제에서 살게 되었고, 그는 조각 솜씨가 뛰어나서 목각을 해서 생계를 이어갔다.
 바닷가에 쓰러진 그를 구해서 살려준 한 노파는 이 인도네시아의 젊은 어부를 친아들처럼 사랑했다. 그러나 그는 언제나 고국이 그리웠다.
 그 고국을 그리워하는 정(情)을 목각으로 나타냈다. 그는 결국 생전에 고국인 인도네시아로 돌아가지 못하고 죽었고, 그 뒤 계속해서 한국 사람으로 재생을 해야만 했다.
 "그때 바닷가에 쓰러진 젊은이가 바로 전생에서의 부인이었고 목숨을 구해준 노파는 지금의 어머니였던게 아닌가 생각됩니다. 그리고 시장에서 빙의된 사람은 전생에서 형제였던 사람이었고요."
하고 나는 영사 결과를 설명해 주었다.
 이틀간 체질개선 시술을 하고 사흘째 되던 날 제령을 했다. 제령을 하자 부인의 노이로제 증상은 깨끗이 사라졌다.
 그 뒤 두어 번 가량 시술을 받고 이 부인은 완쾌되었다. 인도네시아 남자같던 인상도 사라진 것은 두말할 나위도 없다.

이상한 인연

몇년 전 일이다.

이상한 안질(眼疾)을 앓고 있는 고등학생이 나를 찾아왔다. 눈꺼풀 안에 작은 입자가 생겨 발생되는 결막염을 앓고 있는 소년이었다. 그런데 안과에서 아무리 치료를 받아도 좋아지지 않았다고 한다.

수술도 해보았으나 다시 곧 입자가 생겨서 아무런 소용이 없었다고 했다.

그래서 생각하다 못해 나에게 영사(靈査)를 받으러 왔노라고 했다. 아무래도 무슨 영적인 원인이 있는 것 같이 느껴진다는 이야기였다.

나는 이 고등학생을 앞에 놓고 영사를 했다. 이 질병의 원인은 이 학생의 전생(前生)에 그 원인이 있음이 곧 밝혀졌다.

신라 경덕왕 때가 아니었던가 싶다.

지금의 경상도 어느 깊은 산골에 작은 절이 있었다. 이 절의 주지스님은 70이 넘은 노스님이었다.

이 주지스님은 하루 대부분의 시간을 법당(法堂)에서 독경

하고 있는 것으로 보내곤 했는데 두눈을 반쯤 지긋이 감고 염불을 하고 있으면 극성스런 파리떼들이 눈가에 모여들어 스님의 눈꼽을 빨아먹곤 했었다.
 보통 사람 같으면 짜증이 몹시 날 일이지만 도통한 스님이라,
 "오냐, 오냐, 너희들이 얼마나 먹을 게 없어서 굶주렸으면 내 눈꼽이 그리도 탐이 난단 말이냐."
하고 오히려 파리들이 귀찮게 구는 것을 낙으로 삼았다.
 때로는 일부러 밀가루를 눈 언저리에 바르기도 했다.
 한편, 이 스님은 고약한 유행병때문에 많은 마을 사람들이 죽어가는 것을 보고 자신이 아무런 도움이 되지 못하는 것을 한탄했다.
 "내 성불(成佛)하는 것을 미루고 다음에 태어나면 훌륭한 의원이 되어서 병고(病苦)에 시달리는 많은 사람들을 구해 주리라."
하는게 이 노스님의 소망이었다.
 "학생은 전생(前生)에서 이 노스님이었던 게 분명하군. 그리고 이 이상한 안질은 그때의 파리떼들의 혼이 빙의된 것 때문에 생긴 것이고……"
 "아니 곤충에도 혼이 있나요?"
하고 학생은 도저히 믿을 수 없다는 표정을 지었다.
 "물론 있지. 모든 생명은 진화 단계가 다를 뿐인 게야."
 나는 파리들을 조용히 타일렀다. 곤충의 혼이 빙의된 것을 제령시켜 보기는 처음이었다. 내가 제령을 끝내자 파리 태우는 듯한 악취가 방 안에 가득찼다. 이날로써 이 학생의 안질은 치

료되었다.
 그 뒤 몇 년이 지난 뒤였다.
 당시 그 학생이 내가 없는 사이에 찾아왔는데 의과대학에 다니게 되었노라고 하더라는 것이었다.
 전생에서의 소망을 이루는 길로 들어선게 분명했다.

손가락을 자른 여인

이 이야기 역시 지난 번 일본에 갔을 때 경험한 것이다.

와다나베 아끼고라는 부인이 레이노오씨라는 병을 앓고 있었다.

혈관이 점차 막히는 병이어서 한쪽 손은 세 손가락을 이미 잘랐고, 오른쪽 눈도 실명했을 뿐더러 보행에도 몹시 불편을 느끼고 있는 처지였다. 그리고 병은 계속 진행중이기 때문에 오래지 않아서 나머지 한쪽 눈도 안보이게 되리라고 했다.

또 손가락도 계속 자르게 되기가 쉬우리라는 이야기였다.

"차라리 얼른 죽어 버리는게 좋겠어요. 좋아질 희망은 전혀 없고, 약을 쓴다는 것은 병이 빨리 진행하는 것을 어느 정도 막는데 지나지 않으니까요. 제가 전생(前生)에서 무슨 끔찍스러운 죄를 지었길래 이런 몹쓸 병에 걸린 것일까요?"

하고 와다니베 여사는 눈물을 지었다.

"그렇군요. 아무래도 이것은 영장(靈障)에 의한 질병 같은데요. 혹시 부인의 외조부께서 탄광같은 데서 일하신 적이 없었던가요?"

"잘 모르겠는데요."
"제 생각으로는 부인은 외조부가 다시 재생한 경우 같습니다. 그리고 아주 윗대 선조 가운데 문둥병을 앓아서 동굴 속에서 숨어서 굶어 죽은 부인이 있는 것 같군요."
"네, 무당 이야기로는 저의 조상 가운데 몹쓸 병을 앓아서 동굴 속에 숨어 살다가 죽은 분의 영혼이 빙의되었다고 하더군요."
이 부인의 영사 결과 나는 매우 놀라운 사실을 발견했다.

우리나라에도 쳐들어 온 일이 있는 풍신수길(豊臣秀吉)이 그의 주군(主君)이었던 오다 노브나가 밑에서 가노시다 도오끼찌로오(木下藤吉郞)라는 이름으로 통하던 시절의 이야기다.
아와지(淡路) 고을에 칠호촌(七戶村)이라는 작은 마을이 있었다. 일곱 가구가 사는 작은 마을이라고 해서 이런 이름이 붙은 보잘 것 없는 작은 마을이었다.
이 마을의 촌장(村長)인 사꾸베에(作兵衛)와 그의 아내 오쯔루 사이에는 자식이 없었다. 시집 온지 10년이 넘도록 자식이 없는 것을 고민한 오쯔루는 부처님께 백일기도를 드렸다.
그 정성 때문이었던지 오쯔루는 임신을 했고, 얼마 뒤에 아들을 낳았다. 아들의 이름은 다고사꾸(田吾作)라고 붙였다. 그런데 이 아이가 여섯살 되던 해 오쯔루 여인에게는 문둥병이 발생했다.
문둥병은 무서운 병이다. 잘못하면 집안 식구들이 모조리 전염될 염려가 있었다.
어느 날 오쯔루 여인은 집에서 자취를 감추었다. 며칠 먹을 식량을 갖고 염주를 목에 건채 뒷산에 있는 작은 동굴 속에 몸을 감춘 것이었다. 어린 아들은 어머니를 찾고 울부짖었지만 그것도 며칠이 지나자 자연히 잊게 되었다.

한편, 동굴 속에 몸을 감춘 오쯔루 여인은 지성으로 부처님에게 기도를 드렸다.

어미없는 자식인 다고사꾸가 장차 훌륭하게 자랄 수만 있다면 자기는 어떤 고통이라도 달게 받겠노라고 눈물을 흘리면서 기도를 올렸다.

얼마 지나자 오쯔루 여인은 굶주림때문에 의식을 잃고 죽어갔다. 오쯔루 여인이 숨을 거두던 날, 이 마을에는 작은 지진이 일어났다. 지진 때문에 동굴 입구가 무너져 내렸다.

동굴 안에서 오쯔루 여인의 시체는 백골로 변해 갔다. 허나 오쯔루의 영혼은 죽지 않고 살아 있었다.

그녀는 꿈결 속에서 항상 아들에 대해서 기도를 하는 것을 잊지 않았다. 그 뒤 수백년에 걸친 세월이 흘렀다.

다고사꾸는 그 뒤 다시 재생(再生)을 했다. 그가 바로 와다나베 여인의 외조부(外祖父)였다. 그는 젊어서부터 광산에 미쳐다녔다. 어쩌면 다꼬사꾸의 마음 속에 심어진 동굴 속에 파묻혀 죽은 어머니를 그리워하는 심정이, 그의 숨은 광산열의 동기였는지도 모르리라. 다음날 와다나베 여인은,

"선생님의 말씀이 맞았어요. 저의 외조부님은 광산을 경영하셨던 게 분명하답니다. 그러니까 명치시대(明治時代)의 일이었죠."

하고 말했다.

"그러니까 그 외조부님이 돌아가신 뒤에 이번에는 부인으로 재생한 것입니다. 칠호촌 마을 뒷산 동굴 속에서 굶어죽은 오쯔루 여인의 혼백이 빙의되었기 때문에 부인은 이런 병을 앓게 된 것입니다."
"정말 그런 일이 있을 수 있을까요."
"네, 있을 수 있습니다. 오쯔루 여인은 지금도 자기가 죽었다는 사실을 모르고 있습니다. 또 자기가 죽은 뒤 몇 백년의 세월이 지났다는 것도 자신의 아들인 다고사꾸가 벌써 두 번이나 재생하여 지금은 여자가 되었다는 사실도 모르고 있는 것입니다."
"네, 알겠어요."
나는 제령을 통하여 오쯔루 여인의 혼백에게 모든 사실을 알려 주었다. 그녀가 몇백년 전에 죽었다는 사실, 그 때의 다고사꾸는 여성으로 재생했다는 것, 그리고 무엇보다도 오쯔루는 이미 육신을 버린지 오래기 때문에 문둥병 같은 병을 앓고 있지는 않다는 것을 분명하게 가르쳐 주었다.
고약한 송장냄새를 풍기면서 오쯔루 여인의 영혼은 빙의되었던 와다나베 여사의 몸에서 떠나갔다. 다음 날 이야기를 들으니 환자의 경과가 기적적으로 좋아졌노라고 했다.
자식을 사랑하는 지극한 사랑때문에 죽은 지 몇백년이 지나도록 스스로의 목숨이 끊어진 줄 모르고 기도하고 있는 여인, 몇백년 전에 다고사꾸였을 때 어머니를 찾아 헤매던 마음이 그 뒤 광산을 하게 되는 재생된 인간의 동기가 되었다는 사실, 인간이 지닌 사랑은 분명 시간과 공간을 초월하는 것임을 보여주는 좋은 예라고 생각된다.

지구인이 된 우주인

 나와 같이 영사 능력을 갖게 되면 사람보는 각도가 자연히 다른 사람들과 달라지게 마련이다.
 오늘을 사는 눈으로 볼 때는, 나를 찾아오는 이들은 다같은 형제들이지만 전생을 놓고 보면 그들의 경력은 다양하기 이를 데 없다.
 전생에서도 사람이었던 경우는 오히려 드물고 동물령이 진화해서 인간이 된 경우, 자연령(自然靈)이 인간세계에 나들이 온 경우 등이 너무나 많다.
 이 사회에서 지위가 높고 권력이나 금력을 갖고 있다고 해서 그가 반드시 고급령(高級靈)이 아님은 더 말할 나위도 없다. 오히려 고급령이 재생한 경우는 아무 이름없는 서민층에 많다.
 한편 외계인(外界人), 즉 우주인들도 상당한 수가 지구인으로 재생을 해서 살고 있다.
 우주인이 지구인과 똑같은 모습으로 둔갑을 해서 살고 있는 예도 많으리라고 생각되지만 그 보다는 우주인의 영혼이 지구인의 육체를 쓰고 태어난 경우가 더 많다.

내가 알기로는 이 우주에는 이런 원칙이 지켜지고 있다고 생각한다.

〈그 별에서 태어나지 않은 자는 그 별의 운명에 대해서 관여할 수 없다.〉

이것은 절대적 내정 불간섭의 원칙이다. 가령 선진 은하문명(先進銀河文明)이 존재하고 있다고 하자. 그들의 파견원이 볼 때, 이대로 방치해 두면 지구형 생명(地球型生命)이 멸망해 버릴 것 같다고 느껴지더라도 그들은 공개적으로 간섭을 할 수가 없는 것이다.

고작해야 비행접시와 같은 우주선을 타고 와서 자주 사람 눈에 띄게 함으로써 외계에는 지구인보다 더 발달된 문명이 있다는 암시를 줄 정도에 그치고 있는 실정이다.

그러니까 지구의 운명에 대해서 꼭 간섭을 해야만 할 경우 그들이 취하는 방법은 꼭 하나인데, 궤도 비행에 들어간 우주선에서 일종의 가사상태로 들어간 뒤, 우주인의 육체에서 탈출한 그들의 '에너지 생명체'가 지구 위 영계(靈界) 관리층의 정식 허가를 받고 지구인으로서 재생하는 방법이다.

그러나 모든 '에너지 생명체'인 영혼은 육체 속에 갇히는 순간, 그들의 전생(前生)에서의 기억을 상실하게 되어 있으니까 지구인으로 재생하는 것이 아무런 뜻이 없지 않느냐고 반문하리라고 생각한다. 그러나 그렇지가 않다.

지구인으로서 재생한 우주인은 그들의 뇌파 진동 파장이 고유하기 때문에 궤도 비행을 하고 있는 우주선에서 충분히 원격 조종이 가능하다.

그들이 생각하고 경험하는 것은 하나도 빠짐없이 우주선으로 송신(送信)되어 기록되고 조절되게 마련이다.

오늘날 이 땅 위에는 이런 종류의 지구인의 모습을 가진 우주인들이 여러 분야에서 크게 활동하고 있는 것이다.

아니 어쩌면 아득한 옛날부터 우리 인류는 이런 우주인들의 손에 의하여 관리 발전되어 온 것이 아닌가 싶기도 하다. 크거나 작거나 역사의 수레바퀴를 바꾸어 놓은 사람들, 뛰어난 사상가나 발명가들의 대부분이 이런 사람들이 아닌가 하는 생각이 들기도 한다.

한편, 이런 우주인들은 우리의 태양계안에서만 온 것은 아니다.

실리우스 태양계, 오리온 성좌(星座), 심지어는 안드로메다 성운(星雲)에서 온 우주인도 있다.

물론 오늘날의 지구의 과학지식으로 본다면, 나의 이런 이야기는 하나의 망상에 지나지 않는다.

광속(光速)이 절대속도라고 믿고 있는 한, 항성(恒星)간의 여행은 실질적으로 거의 불가능한 것이다. 그러나 별과 별 사이 우주여행을 할 수 있는 문명은 우리보다 몇 천년 내지는 몇 만년 앞서 있다는 것을 알아야 한다.

백년 전만 해도 오늘날의 항공기는 불가능한 꿈이 아니었던가?

먼 별나라에서 미개발된 혹성의 문명을 연구하기 위해 지구인이 된 우주인도 있을 것이고, 하여튼 지금 이 지구 위에는 많은 우주인들이 남몰래 섞여 살고 있는 것만은 분명하다.

어느 날 나를 찾아온 손님 한 사람(그는 광주에서 온 젊은 대학생이었다.]이 이런 질문을 했다.

"선생님은 다른 사람들의 전생(前生)에 대해서 많은 이야기를 하셨는데 선생님 자신의 전생에 대해서는 별로 언급한 일이 없는 줄 압니다. 선생님의 전생은 어떠했으며, 또 이번 생을 끝내면 어디로 가실 겁니까?"

이 대담한 질문 앞에 나는 잠시 당황했다.

"글쎄올시다."

다음 순간, 나의 마음은 텅빈 상태가 되었다.

내 마음의 스크린이 비친 장면은 우주공간에서 본 지구의 모습과 그 궤도 위를 돌고 있는 하나의 우주선이 보였다. 그 우주선 안에는 살아있는 생명은 하나도 없었다.

다만 유리관 속에 누워있는 한 사나이, 그는 이상하게도 나와 비슷한 모습을 하고 있었다.

얼른 보기에 굉장히 오래된 우주선인게 분명했다. 몇만년, 몇십만년, 아니 어쩌면 천만년 이상 옛날에 지구를 찾아온 우주선이 아닌가 했다. 그러자 어디선가 희미한 소리가 들려왔다.

'너는 이번 주기에 네가 맡은 사명을 완수해야 한다. 만일에 또 다시 실패하면 다시 윤회의 수레바퀴를 타고 돌아야 한다. 그리운 고향으로 돌아가고 싶지 않느냐.'

그러니까 사명을 완수하고 죽으면 이 우주선 안에서 잠에서 깨어나는 것이 아닌가 하는 생각이 들었다.

다음 순간 이 환상(幻想)은 씻은 듯이 사라졌다. 물론 이것이 사실인지 단순한 환상인지 구별할 길이 없다.

다만 체질개선의 원리를 앞으로 전 세계적인 규모로 보급하는 것이 내가 맡은 사명인 것만은 틀림없다.

나의 전신이 우주인이든 지구인이든 그것은 아무래도 좋다.

오늘의 나는 엄연히 이 지구에 태어난 지구인(地球人)이오, 또 한국인인게 분명하다.

내가 살고 있는 조국이 전쟁의 위기에서 벗어나야 하고, 내 나라 내 민족부터 구해야 한다는 것은 의심할 여지도 없다.

아직 우리 지구인에게는 지구가 필요하다. 육체를 버릴 단계로까지 진화되지 않은 게 분명할진대 어떻게든 공해문명(公害文明)을 이겨내고 살아남는 민족이 되어야 한다.

그러기 위해서 사람들은 저마다 자기가 맡은 일에 충실하면 한다.

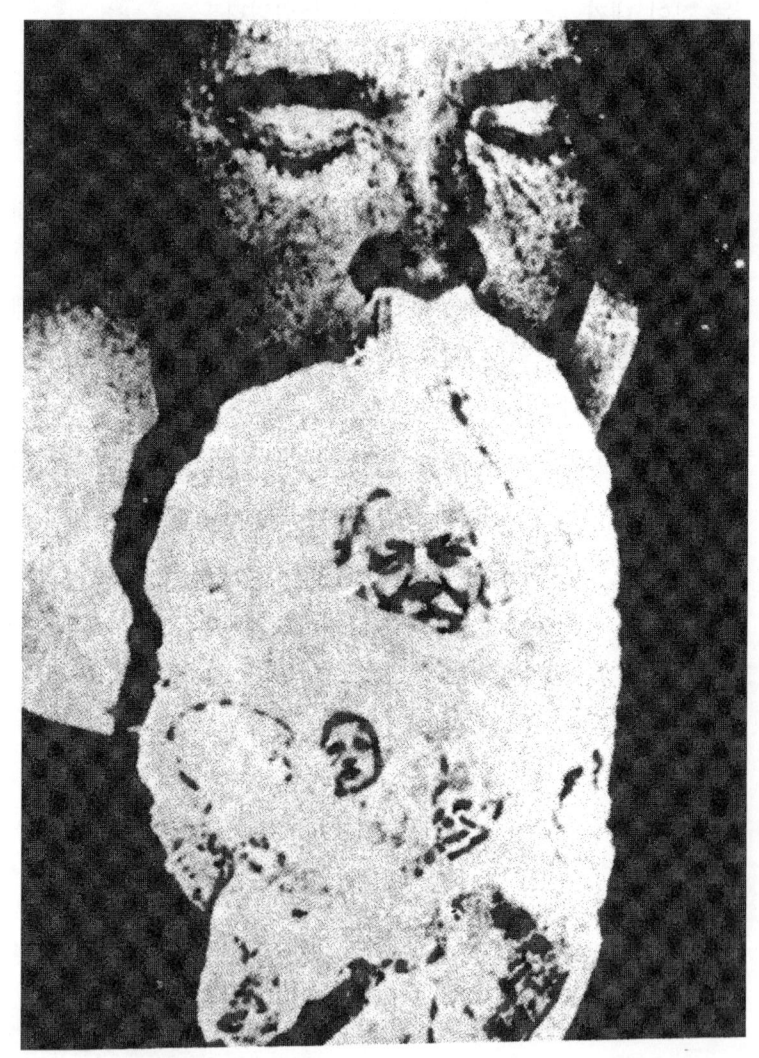

영매가 토해놓은 엑토플라즘속에 모습을 나타낸 망자들의 얼굴

제 5부

지박령(地縛靈)들 이야기

저승을 가지 않는 영혼들

얼마전만 해도 사람들은 누구나 인간에게는 영혼이 있으며, 육체가 죽으면 저승사자가 데리러 와서 저승으로 가야만 한다는 사실을 의심한 이들은 아무도 없었다.

그리고 우리가 살고 있는 이승은 잠시 휴식을 취하는 곳이며, 저승이 고향이라는 생각이 있었기에 죽는다는 것은 돌아간다 즉, 고향으로 돌아간다는 말로 표현을 했던 것이다.

그리고 이승을 떠난 뒤, 2년이 지나면 저승에서 잠시 휴가를 얻어서 그리운 가족들을 만나러 돌아오게 된다는 사실을 모두가 믿었기에 남은 유족들은 기일(忌日)이 돌아올 때마다 제사 지내는 것을 게을리 하지 않았던 것이다.

사람들이 아들을 선호하는 이유의 하나도 죽은 뒤에 제사상 차려 줄 자식이 필요하다는 생각에서였다.

그런데 요즘은 어떠한가?

죽은 뒤에 제사는 그만두고 살아있는 부모도 잘 모시려고 하지 않는게 지금의 세태이다.

한편 아직도 많은 사람들은 영혼의 존재를 믿고 있지만, 그

보다도 더 많은 사람들이 이승에 대한 집착을 버리지 못하고, 죽은 뒤에 반드시 가야만 하는 저승이 존재한다는 사실을 믿으려고 하지를 않는다.

부처님께서는 인생(人生)은 고해(苦海)라고 하셨지만, 요즘 사람들에게 있어서는 이승 자체가 극락이기 때문에 어떻게 해서든 무슨 수단을 써서든 이승에서 행복하게 살 수 있기를 바라고 '죽은 뒤에 가는 저승이 어디 있는가'하는 그릇된 생각을 가진 사람들이 아주 많다.

이런 사람들에게 있어서는 눈으로 볼 수 있고 손으로 만질 수 있는 것만이 존재한다고 생각하는 것이며, 따라서 영혼 따위는 종교가들이 꾸며낸 허망한 이야기라고 믿고 있는게 아닌가 생각된다. 따라서 영혼이란 정말로 존재하는지 처음부터 알아볼 생각도 없는 것이다.

유계(幽界)라든지 영계(靈界)에 대하여 호기심을 갖고 알아보는 사람들을 오히려 어리석은 인간이라고 비웃는 것이다. 심지어는 그와 같은 일에 관심을 갖는다는 것은 인생의 낙오자가 되는 것이라고까지 생각하는 사람들이 있는 것 또한 사실이다.

"그와 같은 허망한 일에 관심을 가질 시간이 있거든 그동안 한푼이라도 더 돈을 벌어서 이승에서 여유롭게 살 궁리를 하도록 하게나."

라고 타이르는 것이다.

권력의 자리에 앉아 있고 돈도 충분히 갖고 있으니 이 세상에 아무것도 두려운게 없는 사람들이 있다. 이런 사람들은 매사에 교만방자하기 마련이고 자기의 욕망을 쫓아 사는 사람들이기도 하다.

　돈을 벌기 위해서 또는 출세하기 위해서는 다른 사람들을 아무리 짓밟아도 전혀 양심의 가책을 받지 않는 사람들이다. 그와 같은 생활태도가 강자의 생활태도라고 자부하기까지 한다.

　그러면서 자기 자신만은 영원히 권세와 젊음을 누리고 살 것 같은 착각 속에서 헤어나지 못한다.

　계집질도 하고 술도 과음하고, 많은 여자들을 정복한 것을 마치 대단한 일이라도 자랑으로 여긴다. 이런 사람들이 어느 날 갑자기 쓰러진다.

　부랴부랴 병원에 입원해서 종합진단을 받는다. 위암, 또는 간암이라는 판단이 내려진다.

　주위에서는 본인에게 암이라는 사실을 알리지 않으려고 온갖 애를 쓴다.

　경우에 따라서는 수술을 해서 성공을 거두는 수도 있지만, 결국 몇년 내에 재발해서 죽게 되는 것이 대부분의 경우이다. 또, 수술을 했다가 병세가 너무 악화되어 재수술을 하지 못하는 경우도 많다.

　이런 경우, 환자에게는 수술이 성공적으로 끝났다고 거짓말을 하게 마련이다.

　얼마동안 병원에 입원하고 치료를 해보지만 병세는 점점 더 악화되기만 한다.

　그런 어느 날, 병원에서는 퇴원명령이 내려진다. 이렇게 되면 길어야 1개월 안에 환자는 저승으로 가게 마련이다. 하지만 환자는 살려고 발버둥을 친다.

좋은 집과 예쁜 아내와 그 많은 돈들을 남겨 놓은 채 죽는다는 게 억울하기 이를 데 없다. 가족들을 들들 볶고 왜 병원에서는 수술이 성공했다는데 전혀 몸이 좋아지지 않느냐고 짜증도 부린다.

먹지도 못하고 배설도 되지 않고, 잠도 오지 않는다. 배에는 복수(腹水)가 차서 흡사 오뉴월 맹꽁이 모양이어서 숨이 턱에 닿아 헐떡거린다.

아무리 좋은 음식이 있어도 지금은 걸인보다도 못한 신세이다.

건강했을 때 교만방자하게 살아온 벌이 이런 형태로 찾아 왔다는 것을 그는 아직도 깨닫지 못한다.

다 죽어가면서도 은행통장과 도장은 베개 밑에 넣어두고 아무도 만지지 못하게 한다. 식구들이 자기 하나 살려내지 못한다고 욕을 한다. 그러나 나중에는 식구들을 원망할 기력조차 없어진다.

여기서 생각이 조금이라도 있는 사람이라면 늦게나마 반성을 하여 죽은 뒤의 일에 대해서 걱정을 하기도 하지만, 대부분의 경우에는 끝까지 반성도 하지 않고 깨닫지도 못하게 마련이다.

이제는 곁에서 시중드는 가족들을 들볶는 것만이 남아있는 일이 된 셈이다.

긴 병에 효자가 없다는 말이 있듯이 병이 오래 가면 먼저 주위의 가족들이 기진맥진하게 된다.

어차피 살지 못할 바에야 어서 죽기로도 했으면 한다. 그리고 유산 분배에 대해서 환자 모르게 수군덕거린다.

이렇게 되면 환자는 가족들로부터도 완전히 소외된 존재가 된다.

그래도 환자는 삶에 대한 집착에 몸부림칠 뿐, 죽은 뒤에 찾아갈 저승에 대해서는 알려고도 하지 않는다.

여러 날에 걸쳐 혼수상태가 계속되고 환자는 드디어 숨을 거두게 된다. 그러나 그는 죽기 전에 의식불명이었기에 자기가 죽었다는 사실을 알지 못한채 저승사자에 의해 유계로 인도된다. 저승에서 다시 이승으로 보내지는 결정이 내려지면 그의 기절한 혼은 선택된 어머니의 모태(母胎) 속에 들어가게 된다. 이것이 가장 진화가 덜된 영혼의 경우이다.

그는 다시 태어나지만 여전히 무신론자로서 잘못된 생활을 보낸다.

영혼이 어디 있느냐고 큰 소리를 친다. 이것은 그로서는 당연한 생각이다. 왜냐하면 그는 주관적으로 보아서 저승에 가본 일이 없기 때문이다. 이보다 조금 다른 경우도 있다.

임종의 자리에서 정신이 들락날락하다가 숨이 넘어간다. 평소에 지극히 사랑하던 외아들에게 나를 살려달라고 마음속으로 아우성을 친다.

한편 아들도 아버지를 어떻게든 살리려고 애를 쓴다. 이 순간 부자의 영파(靈波) 진동 싸이클이 같아진다.

임종하는 순간 아버지의 영혼은 저승으로 가지 않고, 아들의 몸 속으로 빨려 들어간다.

이런 경우 죽은 사람은 자기가 죽었다는 사실도 모르고 있을 뿐 아니라 아들의 몸에 빙의되었다는 사실마저 모르게 된다.

임종 직전에 놓여 있는 느낌이 영속될 따름이다.

희미한 의식 속에서 간암 또는 위암을 앓고 있다는 생각이 떠나지 않는다.

이렇게 6개월에서 일년 가까운 세월이 지나면 아들에게도 아버지와 똑같은 증세가 나타나기 마련이다.

아버지의 유체에서 내뿜는 독가스 때문에 일어나는 현상이다.

아들은 새벽에 두눈을 뜨는 순간, 죽은 아버지의 얼굴이 갑자기 눈 앞에 생생하게 나타남을 느낀다. 때로는 정신이 몽롱해지면서 자기 자신이 마치 곧 죽을 환각에 사로잡히는 수도 있다.

이런 사람을 그대로 방치해 두면 결국 아버지와 똑같은 병으로 죽게 된다.

그러나 여기서 하나 잊어서는 안될 것은 한번 빙의되었던 사람은 유체가 남달리 발달되기 때문에 또 다른 빙의령에게 빙의되기 쉬운 체질로 변한다는 사실이다.

은반지에 특수한 조각과 진언(眞言)을 새겨서 '음 진동수'를 넣은 뒤, 왼손 약지에 끼워 주면 빙의현상을 막을 수 있음을 내가 알아내어 많은 효과를 거두고 있다.

여자의 경우에는 재령을 한 뒤에 같은 종류의 은목걸이를 목에 걸어도 같은 효과를 볼 수 있다.

다음에는 이보다 조금 나은 무신론자의 경우를 소개하여 볼까 한다.

임종의 자리에 누운 환자는 심경(心境)이 그저 담담하기만 하다.

평소에 소신껏 살아왔기에 별로 후회할 것도 없다. 죽으면 깊은 잠을 자는 것처럼 아무 것도 모르게 되리라고 생각하고 있다.

숨을 거두는 순간, 눈 앞이 갑자기 어두워지면서 정신이 몽롱해진다. 이제는 끝이로구나 하는 생각을 한다.

그 뒤 얼마나 시간이 지났을까, 그는 다시 맑은 정신이 돌아옴을 느낀다. 정신을 차려 자리에서 일어난다. 주위의 모든 얼굴이 선명하게 보인다.

아내가 울고 있는 모습이 보였다.

그는 아내의 어깨를 친다.

"여보, 나 죽지 않았오. 이렇게 살아 있지 않소."

그러나 어찌된 영문인지 아내는 여전히 울고만 있었다.

이상하다고 생각하면서 자세히 살펴보니 조금 전까지 자기가 누워있던 자리에는 창백하게 모습이 변한 또 하나의 자기가 누워 있는게 아닌가.

그제서야 그는 자기가 죽었다는 사실을 깨닫게 된다.

죽으면 모든 것이 끝나는 줄로 알았던 환자로서는 충격적인 사실이 아닐 수 없었다. 그렇다고 그렇게 크게 슬퍼할 일은 아니라고 생각한다.

아무것도 없는 줄 알았는데 본전은 없어지지 않았구나 하는 느낌마저 든다.

그는 어슬렁 어슬렁 집 밖으로 나간다.

그 누구에게도 자기의 모습이 보이지 않는다는 것이 신기하고. 한편으로는 완전히 이 세상에서 소외되었다는 서글픈 느낌마저 든다.
 길거리의 모든 것들이 아주 선명하게 보인다. 살아있을 때는 아주 심한 근시여서 잠시도 안경 없이는 볼 수가 없었는데 이제는 그렇지 않다는 것이 신기하기만 하다.
 문득 가까운 친구 A가 생각났다.
 그는 지금 무엇을 하고 있을까 궁금해진다. 그가 보고 싶어진다. 다음 순간, 정신을 차려보니 그는 A의 방 안에 와 있지 않은가?
 파자마 차림으로 앉아 있는 A를 본 순간 그는 반가운 나머지,
 "여보게 날쎄, 나야"
하고 소리를 지른다. 그러나 A에게는 아무 것도 들리지 않는 게 분명했다. 앗차! 나는 죽었지 하는 생각이 든다. 그러자 전화가 울린다. A는 수화기를 집어든다.
 "네, 그렇게 되었군요. 발인은 모레 아침 열시라구요. 네, 꼭 가뵙겠습니다."
 침통한 표정을 짓는 것을 보니, 자기 집에서 걸려온 전화인 게 분명했다.
 '오래 병으로 고생하더니 어차피 회춘(回春)하지 못할 바에야 잘 죽었지! 차차 쓸쓸해지는군. 가까운 친구들이 하나씩 둘씩 없어져 가니'
 A가 하고 있는 생각을 아주 뚜렷하게 알 수 있는게 정말 이상하기만 했다.
 그는 미국에서 살고 있는 큰 아들 내외가 궁금했다. 사진을 보내온 것을 눈 앞에 그려보고 아들의 주소를 생각한 순간, 그는 어느덧 자기의 유체가 아들네 집에 와 있음을 안다. 마침

아들과 며느리는 말다툼을 하고 있는 중이었다.
　아버지가 돌아가셨다는 기별이 오기 전에 한국으로 돌아가야겠다는 아들과 소식이 오기 전에 갈 필요가 없지 않느냐는 며느리의 의견이 서로 대립되어 있는게 분명했다.
　역시 아들은 효자로구나 하는 생각이 들자 그는 대견한 마음을 금할 수가 없었다.
　다시 집에서 비통에 잠겨 있을 가족들이 궁금해지는 순간, 그는 어느덧 자기가 임종한 방 안에 와 있음을 안다.
　그는 여러 날이 지나는 동안, 인간은 죽으면 아주 없어지는 게 아닐뿐더러 어느 의미에서는 더 자유스러운 입장에 놓이게 된다는 것을 깨닫게 된다. 그러나 모든 것은 이쪽에서 관찰할 수 있을 뿐, 이 세상의 물건은 종이 하나도 움직일 수 있는 힘이 없음도 알게 된다.
　죽어서 가는 저승이란 없구나!
　결국 이승과 저승은 동일한 시간과 공간 속에 존재하되 차원이 다른 것 뿐이 아닌가 하는 생각을 하게 된다.
　그러던 어느 날, 그는 길거리를 산책하다가 오래 전에 헤어진 옛친구를 만난다.
　"자네 웬일인가? 정말 오랜만일쎄 그려."
하고 반색을 하는 바람에 그는 이 친구가 다른 사람들과 달리 자기를 알아보는 것을 이상하게 생각했다. 그러나 마주 손을 잡고 생각을 해보니 그도 오래 전에 죽은 사람인게 분명했다.
　그는 이 친구 덕분에 살아있는 사람 몸에 빙의하는 법을 배우게 된다. 빙의당한 사람은 모르는 가운데 다시 자기 자신의 것이나 다름없는 육체의 소유자가 되어 본다는 것, 이것은 정말 희한한 경험이 아닐 수 없다. 그러나 그는 자기가 빙의한 사람의 건강이 나빠진 이유를 알지 못한다.

이런 망령이 빙의한 사람의 경우, 내가 영사(靈査)를 하면 이런 항의를 해오게 마련이다.

"그렇습니다. 저는 제가 육신을 잃어버린 존재라는 사실을 알고 있습니다. 사람이 죽어도 마음은 존재한다는 것은 엄연한 사실이지만 저승이란 없습니다. 저한테 지금 어디로 가라는 것입니까? 저는 못갑니다."

"저승은 분명히 존재합니다. 당신이 생전에 영혼의 세계에 대해서 너무나 몰랐고 또 이승에 대해서 너무 애착을 가졌기 때문에 이런 빙의령이 된 것입니다. 사람은 죽은 뒤에 보호령의 안내를 받아서 반드시 유계로 가야만 합니다. 죽은지 49일이 되는 날 저승사자가 보호령과 함께 당신 앞에 나타나게 마련인데 당신은 그전에 남의 몸에 빙의되었기에 저승사자들을 만나지 못한 것입니다. 이 우주에는 '심은 대로 거둔다'는 절대적인 인과율(因果律)이 있습니다. 인간의 영혼이 우주의 법칙을 지키지 않고 남의 몸에 기생충과 같이 빙의해서 그 사람이 지닌 생명에너지를 도둑질하면서 살게 되어 그 사람으로 하여금 천명(天命)을 다하지 못하게 할 때, 그 죄는 너무나 큽니다. 결국 언젠가 이런 행위가 결과가 되어 당신의 마음은 벌레의 알 속에 갇히는 몸이 됩니다. 이것이 바로 무간지옥이라는 것입니다. 다시 인간을 재생(前生)하기란 거의 불가능한 일입니다. 저승에 가야만 당신은 다시 인간으로 태어날 수 있는 것입니다."
"인간으로 태어난다고요? 저는 다시 태어나는 것을 원치 않습니다. 이대로가 좋습니다."
"그렇게는 안됩니다. 그러면 지금과 같은 생활을 계속해서 남의 생명을 좀먹고 그 결과 벌레의 알에 갇혀서 앞으로 몇천년, 아니 몇만년 동안 인간이었다는 의식을 지닌 채 벌레로서의 생활을 계속하겠습니까?"
여기에는 아집(我執)이 센 망령도 잠잠해진다.
결국은 내가 부른 보호령과 저승사자의 안내를 받아서 저승으로 가게 되는 것이 대부분이다.
죽은 사람들의 많은 혼들이 저승으로 가지 않고 살아있는 사람들에게 자꾸만 빙의된다는 사실은 아주 큰 문제가 아닐 수 없다.
그렇지 않아도 몸 안에 축적되는 각종 공해물질 때문에 많은 사람들은 병들어 가고 있는데 망령까지 빙의되어서 '생명에너지'를 뺏어가고 유독가스를 내 뿜으니, 빙의된 사람이 난치병, 불치병에 걸리게 됨은 너무나 당연한 일이 아닌가?
저승으로 가지 않는 혼이 많아지면 많아질수록 재생(再生)하는 인간의 수효는 줄게 되고, 공해로 죽어가는 사람들은 앞으로 늘게 마련이니 이대로 아무런 대책없이 방치하면, 앞으로 10년 내지 20년 뒤에는 세계 인구는 갑작스럽게 줄기 시작할 것이 분명하다.
인간의 생식력(生殖力)을 상실하고 난치병과 불치병이 유행성 감기처럼 퍼질때 인간의 종말이 가까워 온 것이라고 할 수

밖에 없지 않겠는가?

  인간은 이 땅 위에서 한번은 낙원을 이룩해야 할 의무가 있지 않을까.

  살아서 이 현상세계에서 지옥을 연출한 인간들이 어찌 영혼으로나마 구제되기를 바랄 수 있겠는가.

  사람은 누구나 언젠가는 죽기 마련이다.

  또한 죽는 것도 끝이 아님도 사실일진데, 죽은 뒤를 대비해서 살아서 많은 것을 알 필요가 있고, 또 우주의 법칙이 무엇임을 깊이 깨달아서 옳게 산다는 것이 아주 중요한 일이라고 나는 생각한다.

  육체를 버린 혼들이 저승으로 가지 않고 살아있는 사람들의 몸에 빙의되는 사실이 점점 늘어간다는 것은 바로 인류의 종말을 뜻하는 것이 아니겠는가?

  이 문제에 대해서 우리 모두가 깊이 반성하여 죽어서 빙의령이 되지 않도록 깨달아야 할 것이다.

나, 당신을 사랑해

얼마 전의 일이었다.

이성촌(가명)이라는 사람이 나를 찾아왔다.

그는 몇년 전에 부인과 사별(死別)했는데 부인이 살아있을 때는 공기와 같은 존재여서 늘 곁에 있는게 당연하기만 했고, 사랑한다는 말을 입에 담아 본 일도 별로 없노라고 했다.

그는 부인이 죽은 뒤에 오히려 부인이 곁에 있음을 강렬하게 느끼게 되었고, 부인은 진한 백합 냄새를 풍기면서 나타난다고 했다.

그렇다고 모습이 분명히 보이는 것은 아니라고 했다. 느낌으로 알뿐, 그리고 늘상 대화가 가능하다고 했다.

부인은 살아있을 때 8년 동안이나 정신병을 앓았다고 했다.

부인이 죽은 지 3년, 그는 영혼이 죽은 뒤에도 존재함을 확실히 믿게 되었고, 부인이 영혼이 되어 나타나게 된 뒤 겪은 일들을 《나 당신을 사랑해》라는 책으로 펴냈다.

이 책은 D출판사에서 나와서 베스트 셀러가 되었다고 했다.

그는 아직 40대 중반이었다.

눈에 보이지 않는 아내의 영혼과 3년을 지냈으면 이제 그만 해방이 될 때도 되었다고 생각한다. 부인이 정신병 앓은 것을 시중든 8년까지 합하면 11년이 흘러간 셈이다.

우리 여직원이 '재혼을 하셔야지요'하니까 그는 우는 것과 같은 표정을 지으면서,

"그렇지만 아내가 놓아주어야지요."

나는 그가 쓴 책을 펼쳐든 순간, 갑자기 토할 것 같은 현기증을 느꼈다.

흔히 영혼이 빙의되려고 할때 느끼곤 하는 현상이다.

나는 이날부터 건강이 나빠졌다. 발에 있던 상처가 갑자기 악화되어 한국병원에 입원했다.

이성촌씨의 부인의 영이 나타나서 내가 자기를 저승으로 쫓아버릴까봐 해꼬지를 한 탓이 아닌가 생각되었다.

그러나 부인의 영혼은 머지않아 내 인도로 저승으로 가게 될 것으로 생각된다.

이성촌씨는 부인과 같은 분령체를 가진 여인과 만나서 재혼하게 될 것이고, 두번째 부인의 몸을 빌려서 이번에는 딸로 재생될 것이다.

내가 보기에는 이성촌씨는 전생이 에마뉴엘 스웨덴보그고 그 부인은 일찍 세상을 떠난 스웨덴보그의 딸이 다시 태어난 경우라고 생각된다. 스웨덴보그는 딸의 갑작스러운 죽음으로서 심령과학을 연구하게 되었고, 이성촌씨는 부인의 죽음으로해서 영혼이 실재하는 존재임을 세상에 책을 써서 알리게 된 것이리라.

이제 남은 것은 부인과 같은 분령체를 만나 재혼하여, 그 두 번째 부인의 몸을 빌려서 죽은 아내를 다시 재생시키는 일이 남아 있을 뿐이다.
　전혀 다른 여자에게서 태어난 딸이 차차 자라면서 점점 죽은 부인을 닮아가게 된다. 이번에는 그는 《나, 너를 사랑해》라는 책을 쓰게 될 것이다. 그리고 내 역할은 두번째 부인과의 결혼식의 주례를 서주는 일이다.
　영혼은 분명히 존재하며 다시 태어난다는 사실을 널리 알리는게 이제부터 이성촌씨가 해야 할 일이라고 생각한다. 그러기 위해서 이제 죽은 부인에게서 해방이 되어서 새로운 보금자리를 마련해야 될 것이다
　한편 이성촌씨에 의하면, 이 책에서 처가집의 비행(非行), 주로 여성관계를 폭로했는데 그것이 어떤 뜻을 갖는지 나에게 물어 왔다.
　나는 대답했다.
　그것은 《나 당신을 사랑해》 책에 폭로되어서 창피를 당함으로써 처가집 식구들의 업장이 소멸된 것이라고 이야기해 주었다.
　친정 식구들의 잘못을 죽은 부인으로 말미암아 세상에 공표함으로써 큰 창피를 당하였고, 사자들은 살아생전에 업장을 소멸했으니 재생(再生)한 뒤에 또 다시 벌을 받는 일은 없을 것이라고 이야기해 주었다.
　나는 이성촌씨가 또 다시 행복해지기를 간절히 바라고 있다.

무서운 이야기

나는 40대 초에 심령능력자(心靈能力者)로 변신한 뒤 20년째로 접어드는 셈인데, 그동안 산전수전을 다 겪어 왔다.

나도 20대 초반까지는 자주 매일 밤 가위에 눌리곤 했고, 정말 소름이 끼치게 무서운 감정을 느껴본 일도 많았지만, 심령능력자로 변신하고 부터는 어느덧 귀신을 상대하는 상담역 비슷하게 된 뒤로는 무섭다는 감정을 느낄 수 없는 성품이 되었다.

전문가가 된다는 것은 정말 대단한 것이어서 땅꾼이 뱀, 그것도 독사들을 아무렇지 않게 다루는 것과 마찬가지로, 심령능력자가 귀신을 상대로 하는 직업이 무서워진다면 그날부터 일을 집어 치우는 게 낫다.

무섭다는 감각은 자세히 살펴보면 일종의 미지(未知)의 현상을 직접 경험하게 될 때, 사람들이 자기도 모르게 느끼게 되는 소외감각[心靈能力者]의 한 종류가 아닌가 생각되는데 보통 사람들이 소름이 끼치게 무섭게 느껴지는 것은 갖가지 심령현상(心靈現象)에 대해 나 같은 사람이 거의 아무런 느낌을 갖지 않게 됨은 잘 알고 있는 현상이라는 느낌 때문이 아닌가 생각된다.

 심령현상과 대면하게 된지도 이제 20년이 되기에, 설사 한 두명의 귀신들이 붙어 있어서 공갈을 쳐보았자, 나는 눈 하나 깜짝하지 않게 되었고 비록 수많은 집단령(集團靈)들이 빙의되어 있다고 하더라도 나름대로 상대하는 방법을 이미 습득하고 있기에 하나도 두려울게 없는 터인데, 그런 자신도 최근에 와서 온 몸에 소름이 끼칠 정도로 무서운 느낌을 가져 본 일이 있다면 여러분들도 짐짓 궁금해지리라고 생각한다.
 그 이야기를 해볼까 한다.

 이른 봄, 이슬비가 부슬부슬 내리던 어느 날 저녁이었다고 기억한다.
 30대를 넘어선 한 여인이 열살 남짓한 어린 아들을 데리고 나를 찾아왔다.
 화려한 옷을 입고 야한 화장을 한 그 여인은 얼른 보기에도 예능계(藝能界)에 종사하고 있는 직업여성 같았는데 나중에 듣고 보니 직업 댄서라고 했다.
 "사실은 제 아들에게 문제가 있어서 안선생님을 찾아 온 것입니다."
하고 무엇인지 몹시 망설이면서 말을 잇지 못하는 것이었다.
 "문제가 있다니 아드님에게 도벽이라도 있습니까?"
 "아니, 그런게 아니고 마음에 문제가 있는 것이죠."
하고 어머니가 대답한 그 순간이었다. "여보슈, 속아 넘어가선 안되우. 이 여편네는 서럼들 앞에 나가면 어디서나 내 어머니

노릇을 하려고 드는데 사실은 나도 잘 모르는 여자라오."
하고 열살먹은 어린애가 큰 두 눈을 부릅뜨면서 목쉰 어른의 목소리로 말하는 순간, 나는 온 몸에 소름이 확 끼쳤던 것이다.
 설마 이런 어린애가 40대가 넘은 거치른 사내 목소리를 내리라고는 상상도 하지 못했다.
 "그러면 이분은 너의 어머니가 아니라는 거냐?"
 "물론이죠. 내 어머니는 벌써 오래 전에 저승으로 가셨다우. 웃기지 말라구요."
 "허!"
 그야말로 열려진 입이 닫혀지지 않았다.
 "난 말씀이야, 여기 오던 도중에 이 여자한테서 들은 이야기로 당신이 뭐 귀신Ep는 전문가라며, 그 거짓말 사실이오?"
 "글쎄말이다!"
 "아즘씨, 그것 보슈. 이 사람은 전혀 자신이 없지 않아. 허울 좋은 사기꾼이 분명하우."
 이렇게 사람을 앞에 놓고 마구 이야기하는 데는 나도 기가 막혀서 말문이 막혔다.
 "그럼 하나 묻겠는데, 도대체 자네는 누구지?"
 "나 말씀이오. 나는 말이요. 올해 마흔살 되는 자갈치시장의 강이라는 사람이요!"
 그 순간이있다. 나의 눈에는 형무소에서 사형당한 40대의 흉악범의 얼굴이 어린 아이의 얼굴과 겹쳐 보였다.
 나도 모르게 온몸이 오싹했다. 정말 무섭다는 느낌이었다. 나로서는 오래 전에 잃었던 두려운 감각이 돌아온 느낌이었다.

"안선생님! 정말 죄송합니다. 이 아이는 평소에는 귀여운 어린이인데 하루에 몇번씩 이렇게 변신을 한답니다. 목소리도 굵어질 때는 제 아들 같지가 않습니다."

"그런 소릴 하지 마쇼. 나는 당신의 아들이 아니오. 허기야 몸이 어린애처럼 작아져 있다는 것은 알 수 있지만서도 그래도 내사 임자의 아들은 아닝기라. 내사 올해 마흔살 된 강이라는 사내잉기라. 부산의 자갈치시장에서 귀신잡는 강이라고 하면 모두 벌벌 기였능기라, 알겠소. 아즘씨!"

정말 기가 막히는 이야기가 아닐 수 없었다.

어머니가 갖고 온 본인의 사진을 말없이 보여 주었다.

"그녀석 되게 성질 사납게 생겼구만."

"이게 너의 얼굴이라고 생각지 않니?"

"말 같지도 않은 소리 작작하소. 이 문둥이가 어째 내 얼굴이라는 거요."

그 소년의 부모는 둘이 다 같이 예능계에서 일한다고 했다.

2~3년 전에 둘이 다 같이 외국에 일하러 나갈 기회가 있었다고 했다.

그 무렵, 우리나라의 법(法)은 젊은 부부가 함께 외국에 나갈 수는 없었기에 이들 부부는 편의상 합의이혼을 한 뒤, 외국에 나갔던 것인데, 그것이 그대로 진짜 이혼이 되어서 남편이 미국에 간 채 돌아오지 않고 있다는 이야기였다.

지금에 와서는 어떤 뜻하지 않은 사고가 발생해서 연락이 끊어진 것인지 또는 일부러 처자식을 버린 것인지 조차도 확인할 길이 없다고 했다.

어머니는 낮이면 직장에 나가고 아들은 아무도 없는 아파트에서 혼자 집을 지킬 수 밖에 없었다.

감수성이 굉장히 예민한 아이여서 자기의 처지를 슬퍼하며 걸핏하면 죽고 싶다는 말을 입버릇 같이 내뱉곤 했다고 한다.

"이 아이는 그런 어느 날, 영혼이 몸에서 빠져 나갔던 것입니다."

"네? 그게 무슨 뜻이죠?"

"그때 마침 그곳을 지나던 방금 형무소에서 죽은 마흔살 된 강이라는 흉악범의 영혼이 아들의 몸 속에 들어가게 된 것이죠."

소년의 어머니가 내 이야기를 듣고 소스라치게 놀랐다.

"그런 일이 정말 있을 수 있을까요?"

"일어날 수 있습니다."

"그러고 보니 지금 같은 때는 전혀 저를 알아보지 못한답니다. 하지만 어떤 때는 어머니라고 부를 때도 있답니다."

"그 때에는 이 아이의 영혼이 제자리에 돌아왔을 때인 거죠."

"목소리도 그때는 평소의 목소리랍니다."

"알겠습니다."

여기서 나는 이 부인에게 한 마디 하지 않을 수 없었다.

"부인은 이 아이를 당신의 아들이라고 생각하고 전혀 경계하고 있지 않지만, 자기가 마흔살 먹은 강이라고 주장할 때의 아들은 비록 몸은 아들이지만 마음은 전혀 다른 어른인 것입니다."

"네. 잘 알겠습니다. 어떻게 해서든 이 아이의 마음이 다시 돌아오도록 할 수는 없을까요?"

"글쎄요. 지금 당장은 저도 뭐라고 말할 수가 없군요. 그런데 지금은 열 한살이니까 만일 이 상태로 열 네살 이상 되거든 다른 방을 쓰셔야 합니다."
"그건 무슨 뜻이죠?"
"혹시 잘못했다가는 이 아이에게 겁탈당할지도 모르기 때문이죠?"
이때, 놀란 여인의 얼굴은 정말 가관이었다.
부모의 무책임한 생활때문에 산채로 아들의 영혼을 몸 바깥으로 몰아낸 그런 경우였다고 생각된다.
그날 그들 모자는 나의 연구원 회원이 되어서 돌아갔는데 그 뒤 석달이 지난 뒤, 다시 한번 찾아왔을 때는 그 아이는 보통 아이가 되어 있었다.
"조금만 더 '옴 진동수'를 마시게 하세요. 부인의 아들 영혼이 완전히 몸으로 돌아오게 되기 전에는 방법이 없습니다."
하고 나는 돌려보냈는데 사실은 걱정이다.
과연 이와 같은 경우에도 제령(除靈)하는게 가능한 것일까? 제령한 순간에 죽거나 하면 그야말로 큰 사건이 될 것이기 때문이다.
내가 하는 일은 그날 그날 목숨을 건 일이지만, 생각하면 눈 앞이 아찔해지는 귀신을 상대로 상담역을 해 온 내가 나도 모르게 온 몸이 오싹해진 무서운 일이었다.

지박령이 된 진시황이야기

벌써 여러 해 전 일이었다고 기억된다.

나의 고등학교 후배인 변귀동(가명)이라는 젊은이가 연구원을 찾아왔다.

그에게는 한살 위인 형이 있었는데 둘이 다 같이 백납에 걸려서 얼굴의 피부도 군데 군데 탈색이 되어 있었다.

백납이란 피부의 멜라닌 색소 부족으로 생기는 병으로 흔히 노인들에게서 찾아볼 수 있는 병이고, 독한 유독가스가 나오는 공장에서 일하는 사람이라든가, 페인트업에 종사하는 사람들에게서 어쩌다 찾아 볼 수 있는 매우 드문 병이다.

의학적으로는 아직 그 원인이 규명되지 않고 뇌하수체 호르몬 분비이상(分泌異常)에서 오는 질병이 아닌가 하는 설이 있을 뿐이다.

나의 경험에 의하면, 이 실병은 십단령(集團靈)의 빙의현상에서 오는 경우와 유독가스 중독에서 오는 두 가지로 나눌 수 있지 않나 생각된다.

다같이 일정 분량의 '옴 진동수'를 장기 복용시켜서 좋아진 예가 많고, 빙의현상에서 비롯된 경우에는 불가피 제령(除靈)을 해야만 하는 것이다.
　이때 변군과 주고 받은 이야기를 기억나는 대로 적어볼까 한다.
　"변군과 형은 다같이 순교(殉敎)한 김대건 신부(金大建 神父)님의 영혼이 둘로 갈라져서 재생한 경우 같네."
　"네?"
하고 변귀동이 놀랐다.
　"나는 김대건 신부가 어떻게 생긴 분인지는 모르지만, 아마 모르기는 해도 형제가 그분의 얼굴 반쪽씩을 닮았을 것 같은 생각이 드네. 그리고 미스터 변의 지금 나이는 김대건 신부가 순교하던 날 다음 날의 나이와 같지 않나 생각되네. 그 때 김신부와 함께 순교한 많은 신자들이 빙의되어서 생긴 질병 같네. 또한 자네들 형제는 이 병으로 말미암아 많은 고민을 하게 되고 앞으로 영능력자(靈能力者)가 되는 게 아닌가 싶네."
　"사람이 재생한다는 이야기는 선생님의 책에서도 읽었습니다만 정말 놀랐습니다."
　"그리고 한가지, 자네들 형제는 단순히 김신부가 재생했다기 보다는 복합령(復合靈) 같네. 따라서 남보다 유체가 발달되어 있어서 빙의되기가 쉬운 것일쎄."
하고 그날은 그냥 돌려보냈다. 그런데 다음날 일이다.
　변귀동이 S출판사에서 출간한 김대건 신부의 전기를 갖고 다시 나타났다.
　그 책에 실린 김신부의 얼굴이 변군 형제와 똑같은 데는 나도 놀라지 않을 수 없었다.

"놀라지 마십시오. 이 책에 쓰여진 김신부의 약력을 보니까 순교하신 날의 나이가 바로 제가 선생님을 찾던 전날의 저의 나이와 똑같았습니다."
하고 변군은 두 눈을 빛내면서 말하는 것이었다.

이로써 나의 영사(靈査)가 적당히 그때 그때 꾸며진 이야기가 아님이 적어도 변군 형제의 경우에는 적중하게 된 것이었다.

그 뒤 변군은 여러 해에 걸쳐서 '옴 진동수' 회원이 되었고, 백납도 어느 정도 좋아지면서 여러 가지로 영능력을 발휘하게 되었다.

그런데 이런 변군이 어느 날 나를 찾아와서 아주 이상한 이야기를 들려 주었다.

"원장님 말씀이 언젠가 저는 남보다 유체가 발달되어 있어서 빙의되기 쉬우니 조심해야만 한다고 하신 적이 있었지요?"

"그런 말을 한 적이 있었지."

"그런데 놀라지 마십시오. 저에게는 과거에 진시황(秦始皇)이었던 영혼이 들어와 있습니다. 한번 만나 보시지 않겠습니까?"
하더니 갑자기 그의 얼굴이 발모현상을 일으켜서 고무풍선에 바람을 넣은 것처럼 커지더니 무엇인지 알아들을 수 없는 이상한 말을 지껄여 대는데 분명히 중국어 같기는 한데, 어딘지 오늘날의 중국어와는 발음이 다르다는 느낌을 주는 것이었다.

"지금 진시황이 한 이야기를 한국어로 통역하면 '나는 틀림없는 진시황의 영혼이다. 나는 숨을 거두자 마자 곧 내 몸을 빠져나가 다른 사람의 몸에 들어갔고, 이런 일을 지난 2000여년 동안 줄곧 되풀이 해왔기 때문에 아직 저승이라는 곳엘 한 번도 가 본 일이 없다. 과거 역대의 위대한 중국의 임금들은 거의 대부분이 내가 빙의되었던 사람들이다'라는 것입니다."
하고 변군은 나의 얼굴을 뚫어지게 바라보는 것이었다.
"그것은 우주의 진리를 어긴 행동입니다. 당신도 이제 그만큼 방랑생활을 해오는 가운데 실질적으로 2,000년 이상 연명한 셈이니 이제 저승으로 가서 과거를 청산하고 진시황이었던 기억을 버리고 떳떳이 재생하도록 하십시오. 만일 그렇게 하지 않는다면 언젠가 저승에서 파견된 사자(使者)들의 손에 붙잡혀 지옥행(地獄行)을 면치 못하게 될 것입니다."
하고 나는 정중히 타일렀고, 진시황의 영혼도 나의 권유를 따르기로 해서, 며칠 뒤 정식으로 제령해서 이탈하기로 굳게 약속을 했다.
그런데 약속한 날에 변군은 나타나지 않았고 얼마 뒤에 나를 찾아와서 다음과 같은 이야기를 들려 주었다.
"그날 제가 집으로 돌아간 뒤였습니다. 진시황은 정말 놀랐다고 했습니다. 자기를 설득할 때의 안선생님은 진정 예사 인간이 아니었고, 염라대왕의 분신(分身)같은 느낌이 들었다는 것이었습니다."
"내가 염라대왕의 분신이라고?"
내가 어이없는 웃음을 웃은 것은 물론이다.
"그래서 우선 급한 것을 면하기 위해서 안선생님과 약속을 했지만, 자기는 아직 이 사바세계를 떠날 생각이 없을 뿐더러, 자기가 2,000여년 동안 여러 임금들의 몸에 빙의하면서 얻은 경륜(經綸)을 망각해 버리기에는 아직도 자기가 할 일이 남아 있기 때문에 떠난다고 말하고는 나의 몸에서 빠져나가고 말았습니다. 다음 번에 안선생님을 만났다가는 꼼짝없이 저승으로 데려갈 것이기 때문에 도망치는 수밖에 다른 도리가 없다는 것이었습니다."
하고 변군은 길게 한숨을 몰아쉬는 것이었다.

이 이야기에서 우리는 죽은 사람의 영혼이 살아있는 건강한 사람의 몸에 빙의되면 저승사자도 감히 데려갈 수 없다는 것, 각자의 몸은 그 영혼이 거처하는 신성한 신전과 같다는《요가경전》에 쓰여진 말이 사실임을 알 수가 있다.

그러기 때문에 무신론자들의 많은 영혼이 죽어서 저승에 가지 않고, 사망 직후에 살아있는 사람들에게 빙의되는 일이 많다는 것, 그것을 크게 보면 인류 존망(存亡)과도 관계가 있는 큰 문제임을 알 수가 있는 것이다.

그 뒤 변군이 나와 만나지 않은 지도 여러 해가 지났다.

지금은 어느 누구의 몸에 빙의되어 있는지 모르지만, '진시황'의 영혼은 결코 평범한 사람의 몸에 들어가 있지 않음은 분명하다고 생각된다.

권력은 아편과 같은 것, 일단 권력에 맛을 들이면 그 결과가 어떻다는 것을 보여준 보기 드문 하나의 좋은 예가 아닌가 한다.

진시황의 영혼은 지금 어디에 가 있는지, 나로서는 물론 알 수 없는 일이지만, 만일 인연이 있다면 언젠가 그와 다시 만나게 될지도 모르는 일이고, 나의 손에 의해 저승으로 보내져 보람찬 새출발을 하게 되기를 바라는 마음 간절하다.

헤이께무사(平家武士)들의 이야기

1980년 8월 초의 일이다.

나는 일본 대륙서방(大陸書房)에서 《제령(除靈)》과 《심령문답(心靈問答)》이라는 책을 내기 위해 일본어로 내가 번역한 원고를 갖고 두번째로 방일(訪日)중이었다.

나의 숙소는 언제나 그러했듯이 도쿄 신주꾸에 있는 썬 루우트 호텔이었다.

그날은 아침 일찍 고바야시 즈이께이(小林瑞慧)씨가 찾아와서, 자신의 친구 가운데 왜 그런지 몹시 불운한 사람이 있어서, 무슨 일을 해도 실패하기 때문에 본인은 의기소침해서 지금은 거의 삶에 대한 의욕마저 잃다시피 되었으니, 어떻게 해서든 영사(靈査)를 해서 그 원인을 밝혀주었으면 좋겠다고 이야기했다.

그는 하야미 소오마(早見相馬)라는 사람으로 오전 11시쯤 찾아오겠다는 것이었다.

고바야시씨를 보내고 난 뒤, 나는 1층에 있는 식당에 가서 아침식사를 부탁했다.

그 순간이었다.

정말 뜻밖에도 어디선지 다음과 같은 내용의 이야기가 들려오는 것 같은 느낌이 들었다.

'우리들 헤이께(平家)의 무사(武士)들은 아득한 옛날 단노우라(壇之浦)의 싸움에서 패배하여 바다에 가라앉혀졌소이다. 그로부터 몇백년, 차디 찬 물 바닥의 진흙 속에 사는 헤이께 게의 껍질 속에 갇히게 되어 그 괴로움이란 필설(筆舌)로 표현하기 어렵습니다. 부디 부탁하오니 귀하의 신통력에 의하여 저희들을 이 처지에서 구하여 주소서. 우리들 가운데에서 다이라노 고레모리(平維盛)를 선택하여 우리들의 염력과 우리들 수호신들의 협력을 얻어서 이 땅 위에 재생(再生)시킨 적이 있소이다. 그의 몸에 매달려 빙의령이 되었사오니 부디 저희들을 불쌍하게 여기시어 이 어둠 속에서 구해 주소서. 부탁하는 바입니다. 우리들이 무사히 무명(無明)의 어둠 속에서 구조되는 날에는, 앞으로 2~3년 사이에 헤이께는 그 종족이 없어질 것이므로 그것으로서 증거를 삼고저 하나이다. 간절히 부탁드리는 바이로소이다.'

이와 같은 내용의 말이 고대 일본어의 문어체(文語體)로서 몇번이고 장중하게 되풀이 하여 들리는데, 나는 오직 놀랄 따름이었다.

사실, 나는 일본의 현대문은 쓰고 읽는데 어느 정도 자신이 있었지만, 문어체(文語體)로 된 고어(古語)에 대해서는 전혀 소양이 없는 터였다. 또 읽은 일도 없었다.

따라서 나의 잠재의식에서 나온 말이라고는 생각되지 않았다.

그날 약속한 시간에 하야미씨가 나를 찾아왔다.

그때 그와 주고받은 이야기를 지금 기억나는 대로 대략 적어 볼까 한다.

"당신은 헤이께(平家) 패자들의 후손이 살고 있다는 마을 출신이 아닙니까?"

"네, 그렇습니다. 분명히 저는 그곳 출신입니다만 그것을 어떻게 아셨죠?"

"당신은 제가 영사(靈査)한 바에 의하면 오다 노브나가(織田信長)와 다이라노 고레모리(平維盛) 그 밖의 여러 영혼들의 복합령(復合靈)이 아닌가 생각됩니다. 특히 오다 노브나가는 생전에 수많은 죄없는 사람들을 죽였기 때문에 그 영장(靈障)에 의하여 불운한 일생을 보내게 되었던 것입니다."

"저는 젊었을 때, 어느 유명한 점술가에게 운명 판단을 받은 적이 있습니다만 중년 이후에는 오다 노브나가와 매우 비슷한 운명이고 이것은 전생으로부터의 무거운 영장때문에 어쩔 수 없는 일이라는 이야기를 들은 적이 있습니다."

하야미씨는 굉장한 미남자여서 지난날의 오다 노브나가가 이런 인물이 아니었던가 여겨지는 사람이었다.

그날 아침, 그의 몸에 빙의되어 있는 수몰(水沒)된 헤이께 무사들의 빙의령들을 정식으로 제령시켜서 유계행(幽界行)을 시켰지만, 하야미씨는 결국 우리 연구원의 준회원도 되지 않았을 뿐더러 또한 나의 노력에 대하여 아무런 보답도 없이 그대로 돌아가고 말았다.

과연 나의 시술(施術)에 의하여 그의 몸에 빙의되어 있던 망령들은 무사히 성불(成佛)을 했다고 생각이 되지만, 그중에서 오다 노브나에게 무참하게 죽임을 당한 빙의령들의 제령은 불가능했던 것이다.

왜냐하면, 하야미씨가 나의 영사 결과를 전혀 믿으려고 하지 않았고, 또한 나의 노력에 대하여 전혀 감사하는 마음을 갖지 않았기 때문이다.

그것은 어느 의미에서 오다 노브나가의 죄가 너무나 무거워서, 아직은 그 영장에서 완전히 해방될 시기가 오지 않았기 때문이다.

빙의당한 사람이 전적으로 협력해 주지 않는 한, 진정한 뜻에서의 완전한 제령은 대단히 어렵다는 하나의 좋은 예가 아닌가 한다.

재생된 사나다 유끼무라

어느 날 오후 일본에서 장거리 전화가 걸려 왔다.
내가 쓴 책을 읽었다는 야마또 마사히로라는 사람으로 부터 온 전화였는데, 머지않아 토쿄(東京)에서 기리야마 야스오씨 (桐山靖雄氏) 주최로 '성제(星祭)'가 행해지는데 그 모임에 참가하지 않겠느냐는 이야기였다.
야마또씨의 모처럼의 호의는 고맙지만, 한국에서는 한번 출국한다는 것이 결코 쉬운 일이 아니기 때문에 나의 지금 형편으로는 불가능하다고 정중하게 거절하고 머지않아 일본에 갈 계획이 있으니, 그 때는 하겠노라고 말하고 그날은 짧게 통화를 끝냈다.
그후, 1981년에 일본을 방문했을 때, 썬 루우트 호텔에 도착하자 마자 야마또씨에게 연락을 했다.
전에 전화로 통화했을 때 야마또 마사히로씨는 50대 이상의 사람인줄 알았었는데 그날 저녁에 만난 그는 뜻밖에도 아직 미혼의 30대초의 보기 드문 미남자인데 놀라지 않을 수 없었다.
일본의 시대극(時代劇) 속에서 그대로 빠져나온 것 같은 전

형적인 전국시대의 무사(武士) 인상이었다.

　노성(老成)한 목소리와 이에 전혀 어울리지 않는 젊은 미장부(美丈夫)의 얼굴, 이와같은 사람을 나는 지금까지 한번도 본 적이 없었다.

　야마또 마사히로씨는 친구라고 하는 좋은 체격의 입이 무거운 사람과 동석했다.

　이때 세 사람은 호텔 이층에 있는 식당에 가서 함께 저녁식사를 했고, 그 곳에서 두명의 여성을 소개받았다.

　그날 저녁, 나는 이들과 상당히 오랜 시간에 걸쳐서 여러가지 이야기를 주고 받았다.

　이런 일은 여간해서 없는 일이었지만, 나는 완전히 내 집 응접실에 있는 것과 같은 기분으로 우리네 인류에게 닥쳐올 가능성이 있는 여러가지 사건에 대하여 이야기를 주고 받았다.

　밤 12시 가깝게 되어서 헤어진 뒤에도 야마또 마사히로씨만 내 방에 와서 새벽 2시까지 이야기를 주고 받았다.

　한 사람과 거의 6시간 이상 함께 대화를 나누었다는 것은 여지껏 거의 없었던 일이었다. 더구나 나는 일찍 잠자리에 드는 습관을 가지고 있는 터라, 이런 일은 거의 없었다.

　이때 영사(靈査)에 대한 이야기가 나와서 야마또씨에게 이렇게 말했다.

　"당신은 바로 전생에서는 도요또미(豊臣)를 위해서 싸웠던 사나다 유끼무라(眞田幸村)가 아니었던가 합니다. 아까 소개한 분은 미요시·세이까이·뉴우도(三好淸海入道)〔주:사나다의 가신(家臣)〕이었던게 아닌가 합니다. 지금 내 눈에는 일본식 상투를 튼 모습으로 보였습니다."
 나의 이 뜻하지 않은 영사 결과에 대하여 웃는 얼굴로 대한 야마또씨의 표정은 아주 인상적이었다. 희대(稀代)의 모사(謀士)라는 인상이었다.
 "참으로 이상한 일입니다. 지금 당신의 얼굴을 보니까 오오사까 성(大阪城)이 낙성(落城)할 때 죽은 것은 사나다 유끼무라(眞田幸村)가 아니고 가짜였었다는 느낌이 드는 것입니다. 후일을 기하여 가짜를 오오사까 성에 남겨두고 히데요시(秀吉)의 아들이었던 히데요리(秀賴)와 함께 야시마(屋島)라는 곳에 숨어살았던 것이 아니냐 하는 것입니다. 유끼무라(幸村)도 도꾸가와(德川)하고의 싸움에서 지게 되리라는 것을 미리 알고 있었던 모양입니다. 세또 나이가이(瀨戶內海)에 있는 야시마에 가면, 무엇인가 지금의 내 이야기를 뒷받침해 줄 수 있는 전설을 섬의 고로(古老)로부터 들을 수 있을 것 같군요."
하고 내가 말했다.
 "그것을 어떻게 아셨죠?"
 "그것은 당신의 간뇌(間腦)에서 나오는 뇌파의 파장에 동조한 결과 알게 된 것입니다. 결코 내가 생각해 낸 것은 아닙니다. 여러가지 정경이 보입니다. 야시마에 숨어 산 유끼무라는 그곳 관리들을 잘 포섭해서 남만지방(南蠻地方)과 밀무역을 상당한 규모로 했던 것 같습니다. 도꾸가와 정부에게 발각이 되지 않았다는게 유끼무라가 굉장한 모사였었다는 증거인 셈입니다."
 야마또씨는 나에게 일본에 귀화할 생각은 없느냐고 물었다.

나에게 있어서 그 말은 충격적인 말이었다.
"제가 아는 한, 지금의 일본에는 외국인의 귀화를 공식적으로 받아들이는 제도가 없다고 생각합니다만, 그것보다도 저는 어디까지나 조국에 충실한 한국인으로서의 신분을 버려서는 절대로 안되는 입장에 서 있는 사람입니다. 지금 한국에서는 미국에 귀화하는 것은 아무렇지 않게 여기고 있습니다만, 과거의 여러가지 경위가 있기에, 일본에 귀화한다는 것은 조국을 배반하는 매국노(賣國奴)가 된다는 뜻이 되는 것입니다. 물론 심령과학적으로 보면, 인간은 과거세 (過去世)에 여러 나라 사람으로 재생을 해왔고, 저로서도 과거세에 일본인으로서 적어도 6대(代)이상에 걸쳐서 살았다는 기억이 있기는 합니다만, 현실에 있어서는 저는 틀림없는 한국인인 것이며, 또한 대부분의 사람들에게 있어서는 아직도 민족관이라는 것이 남아있는게 사실이고, 지구인은 모두 동포라는 생각은 아주 소수의 사람들만이 믿고 있는 터이기에 그런 것은 절대로 불가능하다고 생각합니다. 저는 어느 누구보다도 조국을 사랑하고 있고, 또한 어느 일본인보다도 일본의 장래를 걱정하고 있는 사람입니다. 저는 지금까지 10년 이상, 우리나라에서 심령능력자(心靈能力者)로서 열심히 일해 온 것에 비하면 과히 인정을 받지 못한게 사실이긴 합니다만, 그렇다고 저의 조국을 사랑하는 마음에는 터럭만큼의 변화도 없습니다.
저는 제가 발견했다고 믿고 있는 진리를 일본 사람들에게 전하기 위하여 잠시 찾아온 것 뿐인 것입니다. 결코 제 자신이 알고 있는 새로운 지식을 가르쳐 주려고 온 것은 아닌 것입니다. 지난 날에 왕인 박사가 그렇게 했듯이 '옴 진동'의 원리와 체질개선의 원리 및 제가 발견했다고 생각하는 새로운 심령학의 지식을 전하러 온 것 뿐입니다. 저로부터 새로운 지식을 전해받은 사람들이 나름대로 소화를 시켜서 일본인의 일은 일본인들 손으로 해결하는 것이 당연하다는 것이 저의 신조인 것입니다. 일본에 있어서의 제가 할 일이 끝나게 되면 저는 대만이라든가, 미국 또는 프랑스를 찾아가게 될 것입니다. 그들이 과연 일본인들과 같이 저의 새로운 이론을 받아들일지 아닐지는 지금은 미지수입니다. 그러나 비록 받아들여 주지 않는다고 하더라도 저로서는 최선의 노력을 다할 것입니다. 그것은 누구건 새로운 진리를 발견한 사람이 갖는 의무가 아닌가 합니다."하고 나는 쓸쓸하게 웃었다.

　미국이나 유럽의 여러 나라들은 대부분이 기독교를 믿는 나라들이며 인간의 혼(魂)이 윤회전생(輪廻轉生)한다는 생각은 그들에게 있어서는 금지된 사상이다.

　또한 동물에게는 혼이 없다고 생각하여 동물을 죽이는 것은 아무렇지도 않게 여기고 있을 뿐만 아니라, 기독교를 믿지 않는 이교도들은 경우에 따라서는 가차없이 죽여도 좋다고 하는 것이 바로 얼마전 까지도 그들이 갖고 있는 사상이다.

　그 가장 좋은 예로, 미국인들은 아메리카 대륙의 원주민이었던 인디언들을 이 땅 위에서 거의 사라지게 만든 것은 심령학적으로 보면 말로 표현하기도 어려운 큰 죄를 범한 것이 되지만 오늘날의 미국인들은 지극히 당연한 일로 받아들이고 있고, 하나의 죄의식도 갖고 있지 않다.

이것이 큰 문제라고 생각된다.

하기야 이 때문에 미국이 2차대전 이후, 세계의 여러 나라들을 물심양면으로 도운 것인지도 모른다. 그것이 속죄한 것이 되어서, 앞으로도 자유세계를 지키는 맹주로서 계속 현재의 자리를 유지해 준다면 얼마나 좋은 일이겠는가?

이야기가 달라지지만 이때 나는 야마또시씨에게 나의 영사결과가 만일 옳다면, 나의 의견을 뒷받침해 주는 일이 조만간 일어날지도 모른다고 했다.

최근에 일본에서는 히데요리(秀賴)가 죽지 않고 살아남았고, 그의 자손이 존재한다는 전혀 새로운 내용이 담긴 책이 나왔다고 한다.

가보인 꽃병을 지키는 영(靈)

1981년에 〈방랑4차원〉의 원고를 갖고 일본에 갔을 때의 일이다.

준회원(準會員)으로서 8개월 이상 '옴 진동수'를 마셨지만, 아무래도 좋은 결과가 나오지 않는다는 준회원들이 10여명 가깝게 '썬 루우트' 호텔로 나를 찾아 왔다.

그들을 호텔의 작은 회의실에 모이게 하여 나는 간단한 강연을 했다.

강연이 끝난 뒤에 나의 방에 들어오게 하여 한 사람 한 사람 영사를 한후 제령을 해줬다.

그때 내가 행한 '제령'에 대하여 이야기를 해볼까 한다.

가네다 교오꼬[金田京子 가명]씨는 언제나 두 어깨가 무겁고 우울하여, 낮에 바깥을 나다니는 게 괴롭고 햇빛을 보면 눈이 부셔서 뜰 수가 없고, 몸이 항상 무겁고, 왜 그런지 곧 죽을 것 같은 강박관념에 사로잡혀 있는 이른 바 중증(重症)의 노이로제 환자였다.

어떤 사람의 소개로 나의 저서(著書)를 읽고 준회원이 되었는데 '옴 진동수'를 마셔서 그 결과 머리 무거운 것은 좀 가벼워지기는 했지만, 근본적인 노이로제 증상은 조금도 좋아지지 않았다는 이야기였다.

"그런데 말씀입니다. 저의 언니는 저 보다도 더 심한 노이로제였습니다만, 제가 준 '옴 진동수'를 마시고 완전히 좋아졌습니다. 언니는 그동안 정신병원에도 입원을 했고, 여러가지 치료를 받았지만 전혀 효과가 없었습니다. 그런데 '옴 진동수'를 마시기 시작한 뒤 2주일만에 완전히 정상인이 되었습니다. 언니보다도 병이 가벼웠었던 저는 조금도 좋아지지 않았는데, 언니는 완쾌되었으니 정말 이상한 일이 아닐 수 없습니다."

가네다 여사는 이렇게 호소했다.

그녀와 주고 받은 이야기를 적어볼까 한다.

"부인께서 이런 병에 걸리기 6개월에서 1년 사이에, 무엇인가 집에 대대로 전해오는 중요한 물건으로 이를테면 가보(家寶)라고 할 수 있는 것으로서 꽃병 같은 것을 깨뜨린 일이 있었습니까?"

"그런 일이 있었습니다. 시댁은 대대로 내려온 의사집안으로 조상님들은 영주(領主)님 밑에서 일하던 전의(典醫)였다는 겁니다. 몇대 전의 조상님은 영주님의 급환(急患)을 구한 상(賞)으로서 대명국(大明國)에서 전해 온 꽃병을 하사받은 일이 있어서, 그것이 저의 집안의 가보가 되었던 것입니다. 그런데 제가 실수를 해서 그 꽃병을 깨뜨렸지 뭡니까? 생각해 보니까 그로부터 6개월 뒤에 지금의 병이 발생한 것 같습니다."

"그 꽃병은 오쯔루라는 조상님의 영혼이 지키고 있었던 것입니다. 부인이 실수해서 꽃병을 깨뜨렸기 때문에 그분이 화를 내어 부인에게 빙의된 것이 분명합니다."
　나는 이렇게 설명해준 뒤에, 가네다 부인에게 붙어 있는 영을 정중하게 타일렀다.
　아무리 소중한 물건이라도 이것이 물질로 만든 것인 이상, 언젠가는 부서지기 마련이라는 것, 또한 그것이 아무리 귀중한 가보라고 하더라도 사람의 목숨보다는 소중하지 않다는 것, 가네다 여사의 잘못을 인정하고 하루라도 빨리 유계(幽界)로 돌아가서 새로 재생하여 인간 세상에 태어나서 과거세(過去世)를 잊도록 타일렀다.
　내가 이와 같은 이야기를 할때, 가네다 여사는 두 눈을 감고 몇번이고 고개를 끄덕였다.
　제령이 끝난 뒤였다.
　"아, 두 어깨가 아주 가벼워졌습니다. 잘 자고난 뒤와 같이 상쾌한 기분입니다."
　"영혼에게 빙의되었던 사람은, 거의 예외없이 유체(幽體)가 발달되어 있기 때문에 또 다시 다른 망령(亡靈)들에게 빙의될 가능성이 있으니까 고바야시씨(小林氏)에게 부탁해서 방어용 은반지를 끼도록 하십시오."
　이날부터 가네다 여사는 노이로제 증상이 완전히 사라지고 건강하게 되었다고 한다.
　제령이 성공한 하나의 좋은 예가 아닌가 한다.

빙의령이 된 말 이야기

가네다 여사와 함께 찾아온 준회원들 가운데 와다나베(渡邊)라는 성(姓)을 가진 부부가 있었다.

남편은 아주 건강했지만 부인은 얼굴에 마비가 일어나서 한쪽이 뒤틀려 있었다.

용하다는 침쟁이를 모조리 찾아다녔고, 한약도 많이 먹었지만 이상하게 조금도 좋아지지 않는다는 이야기였다.

와다나베씨와 인사를 나눈 순간, 닛다 요시사다(新田議貞)라는 이름이 머리에 떠올랐기에,

"와다나베씨는 닛다 요시사다라는 분과 무엇인가 깊은 인연이 있는 것 같습니다. 그분의 재생이거나, 또는 그 분의 보호령이거나 어느 편이 아닌가 합니다."
라고 말했다.

"사실 저희 먼 조상이 닛다 요시사다 입니다. 집안에는 족보도 남아있고 이것은 확실한 이야기입니다."
하고 와다나베씨는 굉장히 좋아했다.

나의 영사 능력이 결코 아무렇게나 말한 것이 아님이 여러

사람들 앞에서 증명된 셈이었다.
 부인을 보니까, 전생에 원인이 있는 것으로 판단되었다.
 "당신은 전생에서 아끼다껜의 시골에서 산 일이 있고, 그때 집에서 기르던 말에게 자기도 모르게 큰 가시가 된 먹이를 먹게 하여 그 때문에 말은 죽었던 것입니다. 젊었을 때는 그런 대로 괜찮았습니다만, 중년이 되어 몸이 약해지면서 심장도 약해져서, 이와같은 현상이 일어나게 된 것입니다."
하고 나는 영사 결과를 이야기하고, 그 자리에서 말의 혼(魂)을 잘 타일러서 이탈(離脫)시켰다.
 말의 혼이 떠나자, 부인의 얼굴에 약간의 변화가 일어났다.
 "매일 댁에서 테이프로 진동시술을 하십시오. 그러는 동안 좋아질 것으로 생각합니다."
 자기가 만든 원인은 그것이 어느 때, 어떤 경우에 이루어진 것이든 결국 언젠가는 본인의 몸에 나타난다는 하나의 좋은 예가 아닌가 한다.

석불(石佛)의 정기가 태어난 여인

　계속해서 내가 영사한 어느 중년 부인의 이야기를 해볼까 한다. 그 부인은 뛰어난 영능력자가 아무리 몇번 제령을 해도 곧 다른 영혼이 달라 붙어서 어찌할 수가 없다는 이야기였다.
　내 연구원의 준회원으로서 일본인으로서는 첫번째 준회원이 된 와다 히로시(和田博)씨는 뛰어난 영능력자로서 거리를 뛰어 넘어서 원격 심령치료를 할 수 있는 사람이었는데, 이 여성은 그의 환자로서 보기 드문 어려운 경우가 아닌가 싶다.
　나는 마음을 텅비게 한 뒤, 앞에 앉아 있는 여성의 영파(靈波)에 동조했더니 갑자기 그 여인의 모습이 거대한 석불(石佛)로 변신되어 보였다.
　동시에 그 돌부처의 온 몸에는 이루 헤아리기 어려울 정도의 수없이 많은 망령들이 마치 과자에 모여든 파리와 같이 달라붙어 있었다. 그런데 돌부처가 두눈을 번쩍 뜨고 나를 뚫어지게 쳐다보았는가 싶더니, 정신을 차려보니 돌부처의 모습은 자취도 없이 사라졌다.
　"어떻습니까? 무엇이 보입니까?"

목쉰 가냘픈 목소리로 나를 물끄러미 지켜보고 있는 것이었다.
"당신은 전생에서는 인간이 아니었습니다."
"그러면 동물의 영혼이 사람이 되었다는 말씀입니까?"
그녀는 뜻밖이라는 표정으로 중얼거렸다.
"아니, 그런 뜻으로 말한 게 아닙니다. 일본의 어딘가에 영험이 대단한 돌부처가 있어서, 몇 백년 동안에 걸쳐서 수많은 사람들의 기도하는 염력(念力)이 뭉쳐져서 하나의 마음이 되었고, 그 마음이 인간의 모습을 취하여 태어난 것이 부인입니다.
그러니까 우리들 살아 있는 인간들의 눈으로 보면 부인은 틀림없이 인간이지만 육체를 잃어버린 망령들이 보기에는 살아 있는 부처님으로 보이는 것입니다. 그러니까 아무리 제령을 해도 자꾸만 연달아 빙의되는 것입니다."
하고 나는 그녀에 대한 영사 결과를 설명해 주었다.
이어서 나는 제령의 과정을 통해 빙의되어 있는 영혼들에게 그녀는 살아있는 육체인간이며, 살아있는 돌부처는 아니라는 것을 정중히 타일렀다.
그 순간이었다. 갑자기 눈 앞에 진한 안개가 끼는가 싶더니, 내 눈 앞에 앉아 있는 여성의 모습이 돌부처로 변신하더니, 그 돌부처가 점점 작아지면서 뒤로 멀어져 갔고, 그 밑에서 두 눈을 감고 앉아 있는 여인의 모습이 선명하게 나타났다.
"이제는 걱정없습니다. 서서 걸어보십시오."
하고 나는 자신을 갖고 말했다. 순간 부인은 일어서더니 방안을 걷기 시작했다.
"몸이 훨씬 가벼워진 것 같습니다."

이렇게 말하는 목소리도 훨씬 맑아진 느낌이었다.
"당신은 유체가 보통 사람들보다 훨씬 발달되어 있기 때문에 영혼이 달라붙기 쉬운 것입니다. 고바야시(小林)씨에게 부탁을 해서 은반지에 '옴 진동'을 불어 넣어 끼도록 하십시오."
그 다음날이었다.
이 부인으로부터 전화가 걸려 왔다. 다른 사람이 아닌가 착각할 정도로 힘있는 목소리로 이제는 몸이 좋아졌노라고 고맙다는 인사를 했다.

지박령들 이야기

1986년도 여름이었다고 기억된다.

영등포에 공장이 있는 S물산의 생산관리부 부장이라는 젊은 이가 나를 찾아왔다.

"안선생님을 찾아뵙게 된 것은 다름이 아니라, 저희 회사 공장에서 세번씩이나 폭발사고가 있었는데, 그것이 아무래도 우연히 일어난 일 같지가 않았습니다. 폭발이 일어난 시간이라든가, 여러 번 되풀이 해서 사고는 났어도 인명피해는 하나도 없었다는게 이상하구요. 아무래도 영장에 의한 것이 아닌가 해서 찾아뵙게 된 것입니다."하고 그는 메모지 한 장을 내 놓았다.

1976. 3. 9(11시 55분) CT. (옥의 변전실) 및 실내(室內) 압수전반, 자동제어 회로 및 계기(計器) 폭발.

1976. 5. 19(14시 55분) CT. 이상 옥외 변전실 폭발.

1976. 6. 19(11시 5분) 옥외 변전실 CT. 및 실내 변전실 고압수 전반 자동힐 및 계기(計器) 폭발.

"사고가 났을 때마다 새 기계로 갈아 끼우고 최선을 다해서 수리를 했는데 세번씩이나 폭발사고가 난 것도 이상하구요. 처음사고가 낮 11시 55분에 일어났는데 그 뒤 100일이 지난 뒤에 이번에는 밤 11시 55분에 폭발이 일어난 것도 우연의 일치라고 하기에는 너무도 이상하지 않습니까?"
"글쎄, 우연이라고 볼 수는 없겠는데요."
"한번 출장오셔서 영사해 주실 수는 없을까요?"
"나는 출장은 나가지 않는게 원칙인데 드문 경우니까 공부삼아서 나가볼까요."
하고 쾌히 승낙했다.

그날은 마침 일요일이고 나를 찾아온 손님들도 없어서 그길로 곧장 그와 함께 현장으로 달려 갔다.

현장에 가보니 생각했던 것 이상으로 규모가 꽤 큰 공장이었고 변전실은 공장 마당에 있었다.
"알겠습니다. 이 근처가 모두 인천상륙작전때 격전지(激戰地)였었군요."
"그렇다고 들었습니다."
"스물 아홉명의 시체가 땅속 2미터에서 3미터 되는 곳에 아무렇게나 묻혀 있는 것 같은데요."
"그렇다면 큰 일인데요. 이 시설을 철거시키려면 보통 문제가 아니거든요."
"내가 그 증거를 보여드리죠."
나는 그와 부하 직원들 두명이 입회한 자리에서 변전실을 향해 한 손을 길게 뻗고 '옴 진동'을 일으켰다.

그 순간이었다. 머리카락 타는 듯 하기도 하고 뼈가 타는 것 같은 독한 냄새가 확 풍겼다.

"이게 무슨 냄새죠?"

하고 세 사람은 기절할 듯이 놀라는 기색이었다.

설마 했었는데 막상 증거를 보니 몹시 어리둥절해진 모양이었다.

"여기 묻힌 사람들은 행방불명으로 처리되었기 때문에 전사자(戰死者) 명단에서도 빠졌고 물론 국립묘지에도 이름도 없는 사람들입니다. 인민군(人民軍) 장교가 두명, 여자가 몇 명 끼어 있는 것 같습니다. 흩어진 시체들을 구덩이를 파서 아무렇게나 쓸어넣고 휘발유를 끼얹어서 태우고 그대로 흙을 덮어버린게 분명합니다. 그들의 영혼은 하나같이 저승엘 가지 못하고 이곳에 지박령이 되어서 묶여 있는 것입니다. 사고를 일으킨 것은 자기네들을 이곳에서 해방시켜서 천도시켜 달라는 뜻인게 분명합니다."

나는 자신있게 이야기했다.

다음 일요일 택해서 위령제를 지내고 청소를 하기로 하고 그 날은 그대로 돌아왔다.

다음 일요일을 오후 2시에 제령을 하기로 했는데 제사상을 앞에 놓고 앉으니 이곳에 파묻힌 사람들의 명단이 차례로 떠올랐다.

참고삼아 여기에 그대로 기록해 볼까 한다.

김상순(상선) 중위, 김용삼, 하길종, 송재달, 김삼, 김종수, 박중재, 임수운, 이길자, 임경식, 박명수, 심삼수, 임권, 송시영,

박은종, 진수명, 송문식, 임석훈, 김재은, 임명수, 하종원, 임재동, 이덕애, 홍화자, 김종수, 고재수, 양동택, 하유복, 이덕길

그런데 천도제가 끝난 순간이었다. 생각지도 않았던 뜻밖의 일이 일어났다.
난데없이 확성기에서 울려나오는 진혼곡 나팔소리에 이어서 애국가를 봉창하는 수십명의 노래소리가 방 안에 울려퍼진 것이었다.
방안에 있던 사람들은 모두 소스라치게 놀랐다.
국립묘지가 가까운 곳이라 그곳에서 방송을 했으리라는 사람도 있었고, 동사무소에서 방송한게 아니냐고도 했지만, 그날은 특별한 행사가 있는 날도 아니었는데 위령제가 끝나자, 정확하게 시간을 맞추어 들려온 것은 이상한 일이 아닐 수 없다.
물론 공장 안에서는 아무도 그런 방송을 하지 않았음이 곧 확인되었다.
지금까지도 풀리지 않는 수수께끼가 아닐 수 없다.

복합령(復合靈)과 분령체(分靈體)

우리가 지금까지 알기로는 인간의 육체가 죽으면 영혼은 육체를 떠나 저승〔유계 또는 영계〕으로 가게 되고, 그곳에서 살아있었을 때 행한 일들에 대해서 심판을 받게 되며, 어느 기간 동안 저승에서 수양을 쌓은 뒤 다시 이승으로 돌아오게 되는 것으로 알고 있다.

사람이 죽으면 육체 속에 들어있던 유체(幽體)라는 부분이 몸에서 떠나는 것으로 되어 있다. 한마디로 말해서 영혼은 살아있는 사람의 몸에 깃들어 있다가 죽음과 동시에 육체에서 떠나 저승이라고 하는 차원(次元)이 다른 세계로 이동한다는 이야기이다.

그러나 한편으로 우리는 저승으로 갈 때 물질이라고는 아무것도 갖고 갈 수 없으며, 다만 살아 있었을 때의 체험에 대한 기억만을 갖고 간다고 한다.

여기에 대해서 나는 이렇게 해석한다.

인간의 영혼은 처음부터 영계 또는 유계에 존재하며, 육체란 영계 또는 유계에서 방송되는 각 개인의 영파(靈波)의 수신기에 지나지 않으며, 죽을 때 이탈하는 이른바 유체란 생전의 기억이 기록되어 있는 녹음 테이프에 불과하다는 것이 나의 새로운 이론이다.

유체는 저승으로 이동되어 영계에 있는 본체(本體)에 그 기억을 수록시킨 뒤, 얼마동안 쉬어 있다가 다시 이승으로 전생의 기억을 잠재의식 속에 간직한 채 새로운 육체의 핵으로 태어나게 된다.

새로 태어날 때 우리는 누구나 새로운 육체를 배급받게 되지만, 그 속에 들어있는 유체는 전에 쓰던 유체 그것임을 알아야 한다. 그러니까 정확하게 말해서 인간이 다시 태어난다는 것은 육체가 다시 태어난다고 하기보다, 유체가 다시 태어나는 것으로 알면 된다.

유체는 일종의 에너지체로서 새로운 육체에 들어갈 때 충격을 받게 되고 그로 말미암아 전생의 기억은 잠재의식이나 심층의식 속에 숨어버리고 만다. 그래서 우리는 아무도 전생을 기억하지 못하지만, 사람마다 타고 날 때부터 개성과 성향(性向)이 다른 것은 첫째 전생에서의 성격, 육체에 기록된 유전자의 영향 및 자라나는 과정의 환경적 차이 때문이라고 해석하면 된다.

똑같은 부모에게서 태어나 같은 환경에서 자라도 사람은 서로 성격이 다르게 마련이다. 왜냐하면 심층의식 속에 심어진 전생의 성격과 기억이 다르기 때문이다.

여기에서 영혼과 육체의 관계를 영사기와 벽에 투사된 화면과 비유해 설명을 해보고저 한다. 영사기에는 필름이 장착되어 있고, 영사기가 돌아가면 벽에 화면이 비추게 된다.

이 경우, 우리가 보는 것은 벽에 비치는 화면인데, 사실 이는 하나의 허상에 불과한 것이고 유체는 영사기에 장치되어 있는 필름인 것이다.
　이 영사기에 장치된 필름에 해당되는 것이 영계에 존재하는 자기 영혼의 실체이고, 화면에 비치는 그림이 이승에서 살고 있는 육체인간이라고 해석하면 된다.
　영사기를 끄면 동시에 화면에 비치던 영상(映像)은 사라진다. 저승에서 영파의 송신을 중단하거나, 육체가 망가져서 송신되어 오는 영파를 제대로 수신하지 못하게 되면 육체는 죽게 된다.
　그러니까 이 세상의 모든 육체인간은 따지고 보면 잠시 있다가 사라지는 허상(虛像)일 뿐이며, 영원한 것은 영계에 존재하는 영혼의 실체일 뿐이라는 이야기가 된다.
　이승에서 쌓은 경험과 미리 존재하던 영계의 본체가 지닌 경험이 혼합되어 새로운 인간의 원형이 만들어진다.
　이 원형으로 여러 인간이 찍혀 나온다. 마치 한 장의 필름을 가지고 여러 장의 사진을 찍어냄과 같은 이치인 것이다.
　이 세상에는 알고보면 똑같이 생긴 사람이 꽤 많으며, 얼굴이 같게 되면 목소리에서 성격까지도 같게 된다.
　이것을 나는 분령체(分靈體)라고 부른다. 그러나 이들은 일란성 쌍생아같이 닮았으면서도 대부분의 경우 생전에 서로 만나는 일이 없다.
　국적이 다를 수도 있고, 남녀의 성별이 다를 수도 있다.
　나는 최근에 8살에서 18, 30이 넘는 나와 똑같은 사람을 만난일이 있다. 그중 놀란 것은 8살 먹은 사내아이는 나의 어렸을 때 모습과 똑같았고 혈액형도 같았으며, 편식하는 것도 같았고, 몸이 약한 것, 그리고 배우지도 않았는데 심령적인 현상에 깊은 관심을 가지고 있을 뿐 아니라, 초능력적인 소질까지도 풍부한 데는 정말 놀라지 않을 수 없었다.

 18살 먹은 소년은 중학교 고등학교 과정을 검정고시로 이수하고 과학기술대학 물리학과에 들어간 수재였다.

 세 사람이 머리 모양도 나하고 똑같았다.

 박대통령과 비슷한 분령체도 여럿이었다고 생각된다. 박대통령의 재임 중, 이들은 생명력을 공급해 주는 인간 충전기 노릇을 했기 때문에 그 분은 많은 일을 할 수 있었던 것이고, 한편 분령체에 속하는 사람들은 모두가 한결같이 불우한 일생을 보낸 것으로 알고 있다.

 대부분의 경우, 이들 분령체들은 이 세상에 자기와 똑같은 사람이 여러 명이 있다는 사실을 모르고 지내지만 죽으면 영파의 파장이 같기 때문에 영계에 존재하는 영혼의 실체에 흡수되게 된다.

 세계 인구가 50억이 넘지만 사실 따지고 보면 애초에는 몇 명 안되던 사람들의 영혼이 끝없는 분열을 통해 이렇게 증가된 것이다.

 왜 이런 현상이 일어나게 되는 것일까? 그 대답은 간단하다.

 가능한 한 빠른 시간 안에 인간의 영혼을 신(神)의 경지까지 끌어 올리려면 이렇게 하는게 가장 효과적이기 때문이다.

 저승에 가서 다시 합친 여러 기억들이 간직되고 다시 쪼개져서 태어나고 그러다가 완성체가 되면, 그 영혼은 다시는 인간 세상으로 돌아오지 않게 된다.

육체적으로도 사명이 다 된 집안은 절손으로 대(代)가 끊기는 것을 우리 주위에서 보게 된다.

지금 현존하는 인류는 지난 2천년 이후에 태어난 사람들의 영혼을 지닌 사람들이지, 5천년 이전에 살았던 사람들은 거의 재생되어 있지 않다고 생각한다. 아주 드문 예외를 빼놓고는 말이다.

이것은 한 개인 뿐만 아니라, 민족으로서 이 땅 위에서 사라진 존재들도 많다는 것을 알아야 된다.

청인종(靑人種)은 12000년 전에 이미 이 땅위에서 사라진 존재들이다.

여러 마음을 지닌 하나의 인간을 나는 복합령(複合靈)이라고 부른다.

좀더 알아듣기 쉽게 이야기하면 인간은 누구나 약 150억개의 뇌세포를 갖고 있는데, 그 세포 하나 하나가 하나의 집이어서 그 속에 여러 마음이 깃들일 수 있는 것이라고 생각하면 된다. 앞서도 설명한 것과 같이, 저승은 이승과 달리 정직한 곳이므로 속임수가 전혀 통하지 않는 세계이다.

서로 생각이 다르고 사상이 다른 영혼들은 결코 한곳에 모일 수 없는 곳이다.

이승은 시간이 과거에서 미래로 흐르는 세계이기 때문에 1백년 전에 죽은 사람을 만날 수는 없지만, 저승은 시간이 정지된 세계이므로[아니 모든 시간이 공존하는 곳이기에] 뜻이 같은 영혼끼리라면 5천년 전에 죽은 이도 1백년 전에 죽은 이도 오늘 죽은 사람도 아직 태어나지 않은 사람들도 서로 만날 수 있는 것이다.

그렇다면 에너지 생명체인 이들 영혼들이 이승에서 똑같은 목적을 가진 경우, 저승에서 하나가 되어서 다시 하나의 육체를 갖고 태어날 수도 있다는 이론이 성립된다.

나는 인류가 살아남기 위해서는 지금과 같은 상극의 원리를 버리고 하루 빨리 상생(相生)의 원리를 찾아야 한다고 믿고 있다.

그렇다면 상극의 원리란 무엇인가?

쉽게 말해서 국회의원 한 사람이 당선되려면, 입후보했던 다른 사람들은 모두 낙선의 고배를 마셔야 하는 이 세상은, 바로 상극의 원리가 지배하는 세상이라는 이야기이다.

대한민국 사람이라면 마땅히 한국의 국익만을 생각해야지, 북한에 이익되는 일을 해서는 안되며, 한편 북한 사람들은 한국에 이익되는 일을 생각해서는 절대로 안되는게 오늘날의 현실이다. 왜냐하면 지금은 상극의 원리가 지배하는 세계이기 때문이다. 그러나 이렇게 되면 충돌을 면할 길이 없는 것이 또한 현실이다.

정말 옳은 길은, 다같이 의좋게 살 수 있는 최대 공약수를 발견하는 일임은 물론이다.

한국에도 좋고 북한 사람들에게도 행복을 가져오는 방법을 찾아내려는 마음은 바로 상생(相生)의 원리이고 앞으로는 그런 세상이 되어야 할 것이다.

한편, 우리가 현실세계에서 상생의 원리를 세워 나가려면 자기 자신의 몸 속에 있는 여러 마음과 공존하는 방법부터 배워야 한다.

현대인들의 대부분은 내가 알기로는 거의가 복합령(複合靈)을 가진 존재들이다. 다만 본인들이 모르고 있을 뿐이지, 오늘을 사는 사람들은 단순한 성격이 거의 없다고 보아야 한다.

인간이 한 몸 속에 여러 마음을 갖게 되면 서로 다투게 마련이다.

우리 속담에 '사공이 많으면 배가 산에 오른다'는 말이 있다.

자기의 몸속에 깃들어 있는 여러 마음이 함께 공존하는 방법을 배운다면, 우리가 현실 세계에서 민주주의 사회와 공산주의 사회가 서로 평화스럽게 공존공영(共存共榮)할 수 있는 방법을 배우는 것도 전혀 불가능한 일은 아니다.

나는 복합령의 가장 대표적인 예였기에, 40대 초반까지도 많은 갈등이 있었다.

이제는 내 마음속에 존재하는 여러 마음들이 사이좋게 살아가는 방법을 터득한 지 오래이고, 그렇게 되고 보니 이렇게 편리할 데가 없다.

나는 작가이고, 시인, 평론가이며, 새로운 정치이념과 또한 특수능력을 가진 심령능력자이기도 하지만, 필요하다면 이 모든 것을 접어두고 가장 평범한 3차원(三次元)의 인간으로 변신할 수도 있다.

초능력자였다가 보통 인간으로 변하면 굉장히 불편한 것은 사실이지만 이것은 이것대로 좋은 점이 있는 것이다.

만일 날개가 달린 인간이 있어서 날아만 다닌다면 두 다리는 퇴화(退化)하게 마련이다.

　이런 사람에게 갑자기 걸어다니라면 잘 걷지 못할 것은 너무나도 당연한 이치이다. 그러니까 때로는 날개를 접어두고 되도록 걷는 것도 좋다는게 내 생각이다.

　나는 손님들과 만나는 오후 1시에서 3시까지는 '제3의 눈'을 뜬 초능력자로 변신하지만, 보통 때는 이 '제3의 눈'을 감고 지낸다.

　나는 여러 개의 개성을 지닌 가장 대표적인 복합령이지만, 그들이 추구하는 목적은 같다.

　어떻게 하면 이 세상을 모두가 살기 좋은 세계로 만드느냐 하는 것이 지상과제이다.

　현대인들은 생활도 복잡하지만, 그들의 마음도 복잡하고 단순하지 않다. 우선 자기 자신의 존재를 분명히 파악하여 스스로를 사랑하는 방법을 배울 필요가 있다.

　사람은 누구나 자기가 가장 사랑스럽지만 현실세계에 있어서 자기 자신을 학대하는 사람이 너무나 많다.

　필요 이상의 자존심을 갖는 것도 본인에게 부담이 되고, 또 자기 자신을 학대하는 것도 옳지 않다.

　인간은 누구나 영원한 생명을 지닌 영혼의 투사체(投射體)이며, 누구나 어느 날엔가는 저 별들의 세계를 지배하는 신이 되기 위하여 인간으로 태어나고, 어떤 사람은 몇번 거듭 태어나는 것이라는 사실을 믿는다면 모든 사람들은 행복해질 수 있다고 생각한다.

제 **6** 부

빙의령(憑依靈) 이야기

제2부

만해(萬海) 알기

빙의령이란 무엇인가?

　죽은 사람의 영혼이 살아 있는 사람의 몸에 달라 붙어서 일종의 기생생명체(寄生生命體)가 되는 것을 심령과학에서는 영혼이 빙의한다고 한다.
　인간의 몸은 본시 그 육신의 주인공인 하나의 영혼만이 살수 있는 구조를 가진 집이라고 할 수 있는데, 이 몸에 여러 영혼이 빙의하게 되면 갖가지 질병이 생기게 마련이다.
　왜냐하면 영혼은 일종의 에너지 생명체로서 에너지의 대사행위를 하게 마련인데 하나의 육체에 여러 영혼이 빙의하게 되면 생명에너지의 부족현상이 일어나고, 또한 영혼이 생명에너지를 흡수하고 내어뿜는 배설물인 유독 개스가 피를 더럽게 하기 때문에 신장, 간장, 혈관에 이상을 가져 오기 때문이다.
　우리가 죽은 이를 위하여 음식을 차려놓고 제사를 모시는 것은 무슨 때문일까? 단순히 고인을 추모하기 위해서라면 그날 가족들이 모이기만 하면 되는 것이지 애써 음식을 장만하여 제사상을 차려 놓을 필요는 없는 것이다.
　이때, 제사 음식에서 기(氣), 곧 에너지를 영혼은 음식 대신 흡수하기 때문에 정성스레 음식을 마련하는 것이다.

그러기에 절에서 제사밥만 먹으면 기가 허해진다는 말도 바로 이 때문이 아닌가 한다.

무릇 모든 생명체는 눈에 보이는 존재이든 아니든, 생명의 기운을 흡수하게 되어 있는 것이다.

물을 떠놓고 산신령 앞에서 기도하는 것도 물속에는 우주의 에너지가 들어 있기 때문인 것이고, 이 생명 에너지가 완전히 빠져나가면 물도 죽은 물이 된다는 것을 알아야 한다.

영혼이 빙의되는 이유는 무엇인가?

 영혼이 빙의되는 으뜸가는 이유는 죽은 영혼은 거의 너 나 없이 이승에 미련을 갖게 마련이어서, 비록 자기의 몸은 아니더라도 육신에 머물러 있기를 원하기 때문이라고 생각된다.
 또한 원한을 갖고 죽은 영혼은 원한을 가진 상대의 몸에 빙의되어서 그의 목숨을 단축시키기 위해서는 빙의되는게 가장 좋은 방법임을 알고 있기 때문이다.
 미처 저승에 가지 못하고 이승에 살아 있는 사람의 몸에 빙의되어서 어떻게든 이승에서 살아보겠다는 생각에서 빙의되는 경우와 해치기 위해 빙의되는 두 가지가 있다.
 또한 영혼이 빙의되기 위해서는 상대의 유체가 발달되어 있어야 한다. 유체가 전혀 발달되지 않은 사람들은 거의 예외없이 육체가 잘 발달되어 있고, 대부분이 철저한 무신론자(無神論者)이기도 하다.
 육체도 영혼을 받아들이기 어려운 데다가 마음마저 굳게 문을 닫고 있기 때문에 이런 조건을 가진 사람에게는 영혼은 빙의되기 어렵다.

이런 경우, 의지하려는 영혼이나 당사자에게 원한을 가진 영혼은, 가족들 가운데 유체(幽體)가 발달된 다른 사람을 선택하게 마련이다.

그러기에 유산을 한 어머니에게 태아(胎兒)는 빙의되지 않고, 대신 유체가 발달된 다른 가족이나 자식들에게 빙의되어 간접적으로 당사자에게 고통을 주는 예를 나는 많이 보아 왔다.

어느 권투 선수 이야기

 몇해 전 일이었다.
 어느 권투 선수의 코치의 아들이 갑자기 앉은뱅이가 되어서 부모가 그 아이를 데리고 나를 찾아왔다.
 열살 가량 된 소년은 겉으로 보기에는 아무렇지도 않은데 서지를 못했다. 엉금엉금 기어다닌 것이었다.
 "이 애가 바깥에서 놀다가 리어카에 친 일이 있었는데 그때부터 서지를 못하게 되었습니다. 엑스레이 검사에도 아무 이상이 없다는데 통 서지를 못하는군요. 이대로 자라면 앉은뱅이가 되고 말 것만 같아서 걱정입니다."
하고 아버지는 아주 우울한 표정이었다.
 내가 영사를 해보니 두 다리의 경락의 일부에 유독 개스가 차서 신경소통이 안되고, 그 결과 혈액순환 장애가 된 것이 원인이 아닌가 싶었다.
 더 오랜 세월이 흐르면 다리의 근육도 빠지고 상체를 지탱할 힘이 없어져서 완전한 불구자가 될 것이 분명했다.
 어쩌면 한번 시술에 경락이 뚫리기만 하면 될 것 같기도 해서 처음 온 사람은 진동수부터 복용시키는 원칙을 무시하고 직접 시술을 해보았다.
  아니나 다를까 발바닥에서 지독한 냄새가 났다.
  "어디 일어나 보겠니?"
하자, 소년은 벌떡 일어섰다.
  걷게 해보니 걸을 수도 있을 뿐 아니라 뛰기까지 하는 것이었다. 영 병신이 되는 줄만 알았던 부모의 기쁨은 이루 말할 수가 없었다.
  그로부터 며칠이 지난 뒤였다.
  소년의 아버지의 소개로 자궁암 말기 환자가 나를 찾아왔다.
  그녀도 올 때는 엎혀 왔는데 갈 때는 몸이 가벼워져서 걸어갈 수가 있었다[이 여자는 처음에는 나의 말을 믿는 듯하더니 나중에 마음이 변하여 진동수도 잘 마시지 않았고 결국 불귀(不歸)의 객(客)이 되고 말았다].
  나중에 알고 보니 이들이 모두 유제두 선수와 가까운 사이였다.
  자궁암 환자는 점술가(占術家)였는데 유선수의 양어머니였고 양아들을 위해서 산기도도 많이 올렸다고 했다.
  세번째로 이들을 앞세우고 나를 찾아온 사람이 유제두 선수였다. 일본의 와지마 선수에게 세계 타이틀을 뺏기고 실의(失意)에 빠져 있던 유선수는 더 이상 선수생활을 하느냐 그만 두느냐의 길림길에 놓여 있노라고 했다.
  나는 그를 앉혀 놓고 우선 '옴 진동'을 일으키면서 그의 두 눈부터 눌러 보았다.
  "뭐가 보입니까?"

"뿔이 두개 달린 사람의 모습이 보입니다."
"아는 사람의 얼굴입니까?"
"전혀 처음 보는 사람의 얼굴입니다."
하고 대답을 했다.
"빙의된게 분명합니다. 누군가가 저주를 했군요. 황소를 잡아서 황소의 영혼을 빙의시켜서 기운을 못쓰게 만든게 분명합니다."
"그럼 지난 번 와지마 선수와 시합할 때 그들이 한 짓일까요?"
"그런 이야기는 안하는게 좋겠어요. 확실한 증거도 없이 그런말을 하면 국제적으로 말썽이 생길 테니까요."
하고 나는 유선수에게 손을 내밀며 힘껏 쥐어보라고 했다.
그는 힘이 전혀 없었다.
다음에는 내가 그의 손을 잡고 힘껏 쥐어보았다. 손가락마디에서 우드득 소리가 났다.
이 장면을 지켜보던 여러 사람들의 얼굴이 모두 놀라는 표정이었다.
"내가 기운이 세게 아닙니다. 유선수가 힘이 없는 겁니다. 초등학생 정도의 힘밖에 없으니 이런 힘으로 권투를 한다는데 도시 말이 아니죠."
하고 나는 딱 잘라서 이야기를 했다.
"그리고 또 하나 송여사[유선수의 양모]가 유선수를 저주한게 분명합니다. 세계 참피온이 된 뒤에 자기를 충분히 돌보아 주지 않았다고 나름대로 생각한게 분명합니다."
나의 이 말에 송여사는 얼굴을 붉히며 시인을 했다.

"저와 양어머니와는 전생(前生)에 무슨 인연이었을까요?"
하고 유선수는 물었다.
　나는 이들을 앞에 놓고 영사를 했다.
"유선수와 양어머니는 전생에 모자 사이였습니다. 신라 때의 일인데 선화공주(善花公主)의 유모로 뽑혀 들어가면서 어린 아들을 버리고 갔습니다. 아들은 어머니를 원망하면서 자랐던 것 같습니다. 그런 인연이 있었기 때문에 유선수와 송여사는 모자의 인연을 맺은 것이고 송여사가 유선수를 위해 기도를 했지만 유선수의 잠재의식 속에 있는 전생에서의 원망때문에 감사하게 생각지 않은 것으로 보입니다. 그러니까 이런 사실을 안 이상 앞으로는 친 모자처럼 지내시기 바랍니다."
　이들은 모두 나의 말을 따르겠노라고 약속했다.
　그 뒤 유선수는 진동수 가족이 되었고, 소정의 절차를 밟아서 제령도 했다.
　그러나 내가 보기에 와지마하고의 싸움에서 얻은 마음의 상처가 완전히 아무는데 그 뒤 1년이 걸렸던 것으로 생각된다.
　그런데 유선수가 나의 연구원을 다니기 시작한 지 1년쯤 지나서 이번에는 주호(朱虎) 선수가 나를 찾아 왔다.
　처음부터 주선수가 나를 찾아 온게 아니라 그의 매니저인 형이 찾아와서 '진동 테이프'를 구해갔고, 진동수만 마셨고, 직접 시술을 받은 적이 없었는데 진동수를 마시기 시작한 뒤에 눈에 띄게 몸과 마음의 상태가 좋아졌노라고 했다.
　나는 유선수와 주호 선수의 형에게 이렇게 부탁하는 것을 잊지 않았다.

"체질개선을 해서 유선수는 동양인으론 처음으로 세계 미들급 선수가 되거든 진동수에 대한 소개를 해주세요."
또 주호 선수의 형에게는,
"세계 주니어 미들급 선수가 되거든, 진동수 소개를 해주세요."
하고 몇번이나 부탁을 했건만 이들은 나의 부탁과는 엉뚱하게 다를 방향으로 빗나가고 말았다.

나는 체급이 다른 이 두 선수의 대전을 막으려고 무척 애를 썼지만 결국 실패로 돌아가고 세상이 알다시피 유선수는 주선수에게 참패를 당하고 말았다.

이들을 통해 진동수의 효능을 세계에 알리려던 나의 꿈도 산산 조각이 나고만 셈이었다.

유선수 이상으로 내가 받은 타격도 적지 않았던게 사실이었다.

그러나 그 뒤 주호 선수는 본인뿐 아니라 그의 형까지도 다시는 나를 찾지 않았고, 오직 유선수만이 계속 나를 찾아왔고 나의 충고를 무시한데 대해서 깊이 뉘우치는 태도를 보였다.

유선수는 그 뒤 박종팔 선수와의 대전을 끝으로 명예롭게 권투계에서 은퇴하였고 동양 미들급 참피온 벨트를 시합에 져서 빼앗긴게 아니라, 스스로 반납한 것은 유선수가 처음이 아닌가 생각된다. 사회인으로서의 그의 건투를 빌 따름이다.

그는 나이가 많지만 옴 진동수를 계속 복용만 한다면 상당한 시일에 걸쳐서 젊음을 유지할 수 있으리라고 나는 믿는다.

권투선수 쳐놓고 장수한 사람이 별로 없는데, 그는 예외가 되리라고 기대하는 바이다.

멸종당한 왕지네 가족들의 원한

　사람에게 영혼이 있다는 사실도 못믿는 사람들이 많은데 동물도 아닌 벌레에도 혼이 있다면 나의 정신상태를 의심할 사람도 많으리라고 생각한다.
　그러나 사실은 소설보다도 더 기구하다는 말이 있듯이 지금부터 말하려는 이야기는 내가 2년 전에 직접 체험한 것임을 밝혀 둔다. 하루는 이상한 피부병을 앓고 있는 한 부인이 나의 연구원을 찾아 왔다.
　피부병은 앓기 시작한 지 꼭 28년이 된다고 했다. 형제가 모두 9명인데 오빠 한 사람만 빼 놓고 8명의 자매들이 한 날 한 시각에 이상한 피부병에 걸렸다는 이야기였다.
　어떤 약도 처음에만 조금 효과가 있을 뿐, 나중에는 효과가 없다고 했다.
　"그러면서도 다른 사람에게는 옮지 않는게 이상하지요."
　부인의 몸에서는 곰팡이 냄새 같기도 한 이상한 냄새가 풍기고 있었다. 또 어떻게 보면 송장썩는 냄새 같기도 했다.
　영사(靈査)를 해보니 환자는 두 손을 떨기 시작하더니 이내 기생령(寄生靈)이 부령(浮靈)을 했다.
 나는 환자에게 말이 떠오르거든 서슴지 말고 이야기를 하라고 했다. 그랬더니 이야기가 터져 나오기 시작했다.
 "우리는 충청도 감나무골 골짜기에 살던 왕지네 가족들인데 이 사람의 외조부가 지금부터 40년 전 보약으로 쓴다고 우리 가족 천마리를 모조리 잡아먹었소. 그 원한이 사무쳐서 우리들은 몰살시킨 당사자에게 붙으려고 했으나 영력(靈力)이 세어서 근처에 갈 수가 없었고 그 아들 손자도 마찬가지였소. 여자들은 선천적으로 영이 기생하기 좋은 체질이라 이들 자매에게 28년전 빙의해서 오늘에 이른 것이오."
 부인은 몹시 어리둥절해 하는 눈치였다.
 자기 입에서 전혀 자기가 알지 못하고 있는 사실을 청산유수로 지껄여대니 놀랄 수밖에 없으리라.
 여지껏 나를 찾아오는 환자들은 대부분 내가 영사를 통해 빙의령의 정체를 밝혀서 제령했을 뿐 이렇듯 빙의령 자체가 부령해서 자기가 누구임을 밝히는 경우는 많지 않았었다.
 "우리 가족들 가운데 몇 마리만 죽였어도 우리는 이런 짓을 하지 않았을 겁니다. 그러나 천마리나 되는 일족을 전멸시켰으니 우리로서는 복수를 하지 않을 수 없었습니다. 앞으로도 계속 괴롭힐 생각입니다."
 나는 예사 방법으로는 제령이 힘들 것을 느끼지 않을 수 없었다. 조용히 마음을 가다듬어서 빙의령의 전생이 무엇인지 영사를 했다.
 다음은 빙의령과 나와의 문답이다.

"그대들이 아무런 까닭도 없이 이 환자의 외조부에게 몰살되었다고 생각되는가?"

"······."

"그대들은 지금부터 수 천년 전 중국 주(周)나라 황실의 신하들이었다. 간악한 꾀로 충신들을 모함하여 역적으로 몰고 그들 가족 천명을 벌레처럼 잡아 죽이고, 그들의 재산을 뺏고 호의호식했다. 그런 죄 때문에 그대들은 그 다음 번 세상에 땅을 기는 지네가 된 것이다.

그대들은 본시 인간이었으나 벌레와 같은 짓을 하고 지네와 같은 행동을 했기 때문에 지네가 된 것이다. 그대들을 죽인 이 환자의 외조부는 앞서 세상에 그대들에게 억울하게 학살을 당한 충신 가족의 족장이었던 것이다. 왜 그대들이 멸족당했는지 그 이유를 알겠는가?"

"······."

환자는 몹시 괴로워하는 표정을 짓더니 이내 고개를 푹 떨구고 말았다.

"이 우주는 인과율(因果律)이 지배하는 세계이다. 그 누구도 자기가 만든 원인으로부터 모면할 수 있는 이는 없는 게다. 그러니까 너희들은 그런 전생의 잘못 때문에 당한 화인 줄을 모르고 28년 동안 죄없는 여덟명의 자매들을 괴롭혔으니 그 책임을 앞으로 어떻게 면하려는 거냐?"

할때 나의 입에서 나오는 소리는 방안이 떠나갈듯 했다.

환자는 얼굴이 새파랗게 변한 채 아무런 대답이 없었다.

"조물주이신 하느님은 사랑이시고 지혜이시고 힘이시다. 결코 너희들을 미워하시지는 않는다. 기회는 누구에게나 주어져 있는 거다. 하나님께서는 너희들이 벌레의 탈을 벗고 다시 인간이 되어 밝은 삶을 갖기를 원하신다. 그러나 너희들이 지난 28년 동안 지은 죄는 너희 스스로 속죄해야 한다. 그러면 너희는 다음 세상에는 다시 인간이 될 수 있을 게다."

"그러면 어찌하면 좋겠습니까?"

나는 파란 은반지 낀 손을 내 밀었다.

"이리로 들어오너라. 비록 작은 반지이지만 원자(原子)의 크기로 보면 이것도 하나의 우주이다. 이 속에 들어가서 내가 앞으로 제령을 할때 얼른 말을 듣지 않는 악령들을 제거시켜서 이 속에 가두게 하는 일을 도와다오. 너희가 속죄를 다하는 날 너희들은 저절로 이 속에서 해방되어 유계(幽界)로 돌아가게 되리라."

그러자 이상한 일이 벌어졌다.

환자가 일어나서 덩실덩실 춤을 추면서 합장한 두 손을 모아 나의 반지 앞에 내미는 것이었다.

오늘까지 심령과학이 이룩해 놓은 자료에 의하면 인간의 영혼이 동물로 다시 태어난다든가 벌레가 된다는 이야기는 없는 것으로 나는 알고 있다.

그러나 오랜 옛날 석가모니께서는 윤회설을 말씀하시며 인간이 축생도(畜生道)로 떨어질 수도 있음을 설하신바 있다.

내가 겪은 체험담은 결코 새로운 이야기가 아님을 밝혀 두는 바이다.

갑자기 결핵 환자가 된 이발사

　내가 가까이 지내고 있는 S한의원의 강원장이 몇년 전 모 종합병원 물리치료실에 근무할 때 일이다.
　하루는 내가 강원장과 이야기를 주고 받고 있는데 한 낯선 젊은이가 두 장의 X레이를 찍었을 때는 폐에는 아무런 이상이 없었는데 보름 전에 졸도를 해서 이상한 생각이 들어서 병원에 가서 X레이를 찍은 결과 폐결핵 3기라는 진단이 내려졌다는 것이었다.
　보통 상식으로는 도저히 믿을 수 없는 이야기였다.
　아무리 결핵이 무서운 전염병이라고 하기로서니 60일 동안에 건강하던 젊은이가 결핵 3기 중증환자가 된다는 것은 있을 수 없는 일이기 때문이었다.
　"혹시 이 사진이 다른 사람의 것과 뒤바뀐게 아닙니까?"
　"저도 그 생각을 해 보았는데 그렇지가 않다는 것입니다. 두 사진이 틀림없이 저를 찍은게 분명하다는 것입니다."
　"잠깐만 나 좀 봅시다."
　하고 내가 젊은이를 부르니 그는 눈이 부신 사람처럼 나의 시선을 피하는 것이었다.
 순간, 나는 그의 얼굴 뒤에 한 창백한 여인의 얼굴을 보았다.
 "15일 전에 졸도를 했다고 했는데 그날이 일요일이었나요?"
 "그렇습니다."
 "그날 여자 친구와 함께 정릉 숲 속에 놀러간 일이 있습니까?"
 그는 몹시 당황하면서 이번에는 얼굴까지 붉히며 고개를 숙이는 것이었다.
 "아무도 없는 깊은 숲 속에서 정을 나눈 게 아닙니까?"
 그는 아무런 대답이 없었다.
 "사실을 그대로 이야기해 주어야 합니다. 이것은 죽느냐 사느냐 하는 문제이니까요."
 "그건 사실입니다. 처음부터 그러려고 했던 것은 아닌데 그때 분위기가 그만……."
 "알겠어요. 일을 끝내고 일어서다가 졸도한 게 아닙니까?"
 "네, 갑자기 현기증이 나면서 어지러워지더군요. 구역질이 나서 무얼 토한 기억이 났을 뿐 정신을 차려보니 병원이었습니다."
 "당신에게는 지금부터 9개월 전에 그 숲 속에서 신병을 비관하여 자살한 무교동 W홀 출신의 호스테스의 영혼이 붙어 있는 것입니다. 폐병 3기에다가 빚은 많고, 애인에게는 버림받았고 그래서 세상을 비관해서 자살을 한 거죠. 그런데 죽으면 문제가 해결될 줄 알았는데 그렇지가 않아요. 자기의 시체가 실려가는 것을 분명히 보았는데 자기는 틀림없이 살아 있다고 느끼는 그런 여자의 마음을 아시겠어요? 그 여자의 영혼은 무척 고민했지요. 그때 당신이 애인과 함께 나타나 정사를 나누는 것을 보고 살려 달라고 매달린 것이고, 그때 당신은 기절을 한 것입니다."
"그러니까 제 몸에 귀신이 붙었다는 이야기입니까?"
"바로 그렇습니다."
"어떻게 하면 좋죠?"
"제령을 해야 합니다. 그 여자의 영혼을 불러서 저승으로 보내야 합니다. 그런 뒤에 다시 X레이를 찍어 보십시오. 어떤 변화가 있을 겁니다."

나는 그날, 그 이발사에게 빙의된 호스테스의 영혼을 잘 타일러서 이탈을 시켰다.

얼마 뒤 강원장을 통해 들은 바에 의하면 세번째로 찍은 이발사의 X레이에서는 아무런 이상도 발견되지 않았다고 했다.

자살 충동에 괴로워하는 이발사

내가 초등학교에 다니기 전부터 단골로 다녔던 아주 오래된 이발관이 있었다.

하루는 머리를 깎고 있는데 주인 아저씨가,

"우리 이발관의 이발사 가운데 요즘 갑자기 이상한 노이로제 환자가 생겼는데 치료가 가능할까요?"

하고 은근히 묻는게 아닌가.

"어떤 증상이죠?"

"글쎄 그게 아주 이상한 증세입니다. 바깥에서 자동차 지나가는 소리만 들리면 달려 나가서 차 밑에 깔리고 싶은 충동을 느낀단 말입니다. 그래서 귀에다 솜을 막고 일을 하고 있지를 않습니까. 그런데 본인은 죽을만한 이유도 전혀 없는데 발이 말을 듣지 않는다는 것입니다."

"그래 언제부터 그런 증세가 일어났나요."

"한 일주일 됐나 봅니다. 참 그리고 이상하게도 쉴새없이 설사도 하고 있지요. 설사멎는 약을 아무리 먹어도 통 멎지를 않는군요."

"알았습니다. 이발 끝난 뒤에 보아드리도록 하죠."
그때는 초여름이었던 것으로 기억한다. 대낮이라 이발소 안은 한가했다.
나는 이발이 끝나자 자칭 노이로제 환자라는 이발사를 둥근 나무 의자에 앉게 하고 영사(靈査)해 보았다.
"혹시 일주일 전에 집에서 기르던 개를 잡아 먹은 일이 있었나요?"
"네, 그런 일이 있었습니다."
"그 개 이름이 셀리가 아닙니까?"
나의 입에서 이 말이 떨어지자 둘러싼 동료 이발사들의 입에서 탄성이 나왔다.
"아니 그 개 이름을 어떻게 아셨지요?"
"그걸 모른대서야 어떻게 제령을 할 수가 있나요."
나는 제령이 무엇임을 또 한 차례 설명을 해야만 했다.
"자아 두 눈을 감으세요, 두 손을 모으고……."
하는 나의 말을 이발사는 그대로 순종했다.
"셀리야, 너 이 사람을 용서하고 그대로 나갈 수 없겠니?"
이발사는 분명히 머리를 저어서 싫다는 뜻을 나타냈다.
"자아, 내 이야기를 잘 듣거라. 이 분은 그동안 너를 사랑해 준 주인이다. 하지만 남의 집에서 셋방을 사는 입장인데 네가 똥오줌을 싸대니까 주인이 방을 비워 주든지 너를 없애든지 해달라고 해서 하는 수 없이 너를 죽인게다. 물론 너에게 영혼이 있다는 사실은 전혀 모르고 한 짓이지."
"……."

"물론 너를 죽여서 먹기까지 했다는 짓은 잘한 일은 아니다. 네가 원수를 갚겠다고 하는 것도 무리가 아닌 줄은 안다. 그러나 생각해 보려무나. 한편으로는 네가 죽는 날까지 신세를 진 것도 사실이 아니냐. 그것을 모른다고야 하지 않겠지."

이발사는 말없이 고개를 끄덕였다.

"네가 설사 복수를 해서 이 사람을 죽였다고 치자. 그렇다고 네가 다시 살아날 수 있는 것은 아니지 않느냐?"

"네가 이 사람을 용서해 주고 나가 준다면 너는 정말 장한 일을 하는 거다. 자기를 죽여서 먹기까지 한 사람을 용서한다는 것은 개로서는 도저히 할 수 없는 일이다. 아니 우리네 인간으로서도 보통 사람은 할 수 없는 일이다. 따라서 너는 다음번에는 사람으로 태어날 수 있는 원인을 만드는게 된다. 이 우주는 무엇이건 자기가 심은 대로 거두게 되어 있다. 그것이 하나님께서 만드신 우주의 법칙이다. 이 법칙에서 벗어날 수 있는 이는 없다."

"나는 여기서 잠시 쉬었다가 다시 이야기를 계속했다.

하지만 한편 끝내 복수를 할 수도 있다. 이 사람이 그럴 수 있는 원인을 만들었기 때문이지. 그러나 네가 죽기 전까지 은혜를 입은 것도 사실이기 때문에 너는 아마 돼지로 태어나기가 쉬울 게다. 돼지가 되느냐 사람이 되느냐는 이제부터 네가 하기에 달려 있다. 나는 두 가지 길이 있음을 가르쳐 줄 수 있을 뿐. 선택은 네가 해야 한다."

셸리의 영혼은 자기를 죽인 이발사를 용서하고, 그의 몸에서 떠나겠다고 했다.

그의 눈에서 한 줄기 눈물이 흘러내렸다.
나는 격식대로 제령을 시켰다.
"자아 두 눈을 뜨십시오. 그리고 귀를 기울이세요, 자동차 소리가 들리죠. 기분이 어떻습니까?"
"아무렇지도 않은데요. 감쪽같이 좋아졌는데요. 이제는 차 소리를 들어도 달려 나가고 싶지 않은데요."
그렇게 완고하던 설사병도 그날을 고비로 멎었다고 한다.

외출 공포증에 걸린 어느 시인의 이야기

　어느 종교단체에서 발행하는 잡지 일을 보고 있는 중견 시인이 한 사람 있었다.
　그는 6척 장신의 건장한 체구를 지닌 사람이었다. 그런데 그가 바깥출입을 혼자 하지 못하게 되었다.
　일종의 피해망상증이라고 할까, 길거리에 나가면 꼭 무슨 사고를 당할 것과 같은 강박관념 때문에 그는 통 혼자서는 외출을 하지 못한다고 했다.
　이 때문에 어떤 신문사의 논설위원 자리도 내 놓았고, 정신병원에서 입원치료도 받았으나 그 결과는 한결같이 좋지가 못했었다.
　그러다가 기독교 계통의 어느 신흥종교 단체에 들어간 뒤로 한때 거의 완치 상태에 이르렀으나 요즘에 와서 다시 재발되는 느낌이 있어서 괴롭다고 했다.
　나는 아무래도 어떤 영혼이 빙의된 것 같다고 말하고 영사를 해도 좋겠느냐고 물었다.
　그 자리에는 내 아내와 시인의 부인도 합석했었다. 다음은 그와의 일문 일답이다.

"이런 피해망상증이 생긴 지가 몇년이나 되었습니까?"

"한 10년 가량 되나 봅니다."

"그때 혹시 집에서 기르던 개가 행방불명이 된 일이 있었나요?"

"네, 개 한 마리가 갑자기 없어진 일이 있습니다."

"그 개의 이름이 혹시 스카이가 아니었던가요?"

"맞습니다. 그 개의 이름이 분명히 스카이였습니다."

"스카이는 골목 바깥으로 쏜살같이 달려 나가다가 짚차에 치어 죽었습니다. 개는 운전수가 차에 싣고 가 버렸지요."

"아, 그래서 행방불명이 되어 버린 것이로군요."

"그런데 문제는 여기에 있습니다. 스카이는 차에 친 순간, 죽으면서 그의 영혼은 육체에서 빠져나와 선생님에게 달려와 실린 것입니다. 스카이는 지금도 자기가 죽었다는 사실을 모르고 있습니다. 그때 놀란 것이 원인이 되어 외출 공포증에 걸린 상태입니다. 이것은 빙의된 영혼이 느끼는 감정이 투사된 예입니다."

"알겠습니다."

"스카이의 혼이 빙의하는 바람에 선생님은 노이로제를 앓게 되었고, 그 병을 고치려는 노력이 종교에 귀의하게 해 주었습니다. 그러니까 스카이는 병을 안겨도 주었지만 또한 믿음도 갖게 하는 기회도 마련해 준 셈입니다."

나는 시인의 승낙을 받아 스카이를 이탈시키려고 했으나 주인과 한 몸이 된 생활을 오래 한 개는 좀처럼 이탈하려고 하지 않았다.

스카이에게서 들려오는 희미한 소리는 나에게 이런 요구를 해왔다.

"안선생님이 주선하셔서 저를 주인 어른의 자손으로 태어나게 해 주십시오. 그러면 기꺼이 이탈하겠습니다."

나는 물론 이 뜻을 시인에게 전했으나 동물의 영혼을 인간으로 재생시킨다는데 그는 강하게 거부반응을 일으켰다.

결국 제령을 성공시키지 못하고 말았다.

그러나 내가 영사할 때 그의 몸에서 강력하게 발산한 개의 체취는 여간 인상적인게 아니었다.

이 예는 제령이 억지로 되지 않는다는 것, 빙의당한 사람의 가족의 일원으로 태어나기를 원할 때에는 본인은 물론이오, 보호령의 승낙이 없이는 불가능하다는 것을 나에게 뼈저리게 깨닫게 해 준 경우이다.

새끼 돼지를 먹은 간질 환자

지난 해 여름이었다고 기억된다.

한 젊은 부부가 나를 찾아왔다.

남편은 몇년 전부터 간질을 앓게 되었는데 이상하게도 밤에 자다가 발작을 일으키곤 한다는 이야기였다.

아침이면 머리가 몹시 아프고 기운이 탈진해서 그날 하루는 아무런 일도 하지 못한다고 했다.

다른 데는 아무 이상이 없는 사람이 이 병 때문에 직장생활도 하지 못하고 집에서 빈둥빈둥 놀고 있어서 부인이 행상을 해서 간신히 생활을 해나가고 있노라고 했다.

밤에만 앓는 병, 틀림없는 빙의령(憑依靈)에 의한 질병이었다. 영사를 해 보았더니, 돼지새끼의 영혼이 빙의되어 있는게 밝혀졌다.

"혹시 이 병을 앓기 전에 새끼 돼지를 먹은 일이 있습니까?"

"네, 그런 일이 있습니다. 제가 결혼한 뒤 몸이 허약하다고 처가집에서 갓 태어난 새끼 돼지를 죽여서 통째로 삶아서 보내온 일이 있었습니다."

"그러니까 어미 몸에서 나오자마자 젖 한 모금 물기도 전에 죽인 것이로군요."

"네, 그런 모양입니다."

"그 새끼 돼지의 혼이 빙의하고 있습니다. 두 분 아기가 몇이죠?"

"셋인데요."

"그러시다면 아기 하나만 더 낳도록 하세요. 제령을 시켜드릴테니까요."

"그러니까 남편이 먹은 새끼 돼지의 영혼이 저희들 자식으로 태어난다는 이야기인가요?"

"그렇습니다. 사람의 영혼 같으면 잘 타일러서 보호령의 인도 아래 유계(幽界)로 보내기가 쉽습니다만, 원한을 가진 동물의 영혼은 그렇게 하는 게 제일 쉽습니다."

그들 부부는 나의 부탁을 받아들이기로 했다.

제령을 하고 체질개선을 하기 위해 며칠 동안 다니더니, 그 뒤 소식이 없다.

병이 차도가 있다는 이야기를 듣기는 했으나 나로서는 완쾌되었다는 것을 끝내 확인하지 못하고 말았다.

제 7부
동물령들의 암약

다람쥐였던 조부(祖父)의 재생

 옛날부터 우리나라 속담에 문둥병과 간질병은 하늘이 내린 천형병(天刑病)이라는 이야기가 있다.
 그만큼 이 병들은 예전에도 무서웠던 질병이었고, 오늘날 현대의학의 발달로 많이 줄어들기는 했으나 아직도 이 병을 앓고 있는 당사자나 그 가족들에게는 '이 무슨 하늘이 내린 형벌인가?'하는 탄식이 절로 나오게 된다는 점은 예전이나 하나도 다를바 없다.
 문둥병은 그래도 바이러스에 의한 병이라는 것이 밝혀졌기 때문에 이제는 현대의학으로 어느 정도 완치시킬 수 있는 방법이 발견되었지만 간질병은 아직도 그 원인이 분명히 밝혀지지 않았고, 또 원인도 외상(外傷)에서 비롯되는 경우도 있지만 뇌파검사를 해보아도 아무런 이상(異常)이 없는데 간질 발작은 여전히 일어나는 경우가 많기 때문에 결국 현대의학에서 완치시킬 수 있는 테두리 밖에 놓인 불치병인 것이다.
 나는 그동안 많은 간질 환자를 대면한 바 있고, 그중에는 아주 짧은 시일 안에 완치된 예도 있다. 그런가 하면 나로서는 온갖 방법을 다했지만 성과를 얻지 못한 경우도 있다.

　죽은 사람이나 동물의 영혼이 빙의되어서 생기는 간질, 그것이 이승에서 일어난 일인 경우에는 제령을 통해 쉽게 해결되지만, 전생에서 엄청난 집단 살인을 저질러서 그 영장(靈障)으로 말미암아 생긴 간질인 경우는 제령이 결코 쉽지 않다. 따라서 이것은 태내(胎內)에서 뇌 구조 자체에 이상이 생겨서 태어난 선천성 간질이라는 것을 알게 되었다. 그러니까 한 마디로 간질이라고 해도 그 원인이 전부 다르고 종류도 여러 가지라는 것이다.

　지금 여기에 소개하려는 이야기는 아주 색다른 것이기에 독자 여러분들의 깊은 관심을 끌 수 있으리라고 생각된다.

　하루는 저녁 때가 다 되어서 의정부에서 한 가족이 나의 연구원을 찾아 왔다.

　6세 된 아들이 태어날 때부터 간질을 앓고 있으며, 하루에도 수십번씩 발작을 일으키곤 해서 좋다는 치료법은 모두 써보았으나 그야말로 백약이 무효였다는 이야기였다.

　그러던 중 나에게서 시술을 받고 간질이 치유된 사람의 소개를 받고 찾아 왔노라고 했다. 그런데 그 아이의 증세가 아주 이상했다.

　잠시 한눈을 팔면 똑바로 앞을 향해 쏜살같이 내달린다는 것이었다. 이 때문에 교통사고도 여러번 당할 뻔하였고 벼랑으로 떨어진 적도 있는데 이상하게도 상처 하나 입은 일은 없노라고 했다.

　"그러면 하루종일 아드님을 붙잡고 있어야겠군요."

"그러니까 죽을 노릇이죠. 한 사람이 항상 붙들고 있어야 하니 집안 식구들이 정말 죽을 노릇입니다. 제발 선생님께서 고쳐주십시오."
하고 환자의 어머니는 사뭇 애원을 하다시피 했다.

바로 그 순간이었다. 아이에게 발작이 일어났다. 온몸을 뒤틀고 야단을 치면서 손과 발에 경련이 일어났다.

이윽고 아이의 얼굴은 무엇으로 목을 조인 것처럼 푸르팅팅하게 부어 오르더니 '찍—' 하는 소리를 내며 고개를 옆으로 돌리더니 그만 의식을 잃고 말았다.

그 '찍'하는 소리가 아주 인상적이었다. 쥐나 다람쥐가 죽을 때 내는 소리와 매우 흡사했다.

의식을 잃은 꼬마를 앞에 두고 영사(靈査)를 했다. 그러자 다음과 같은 사실을 알아낼 수가 있었다.

"혹시 이 아이를 임신했을 때 아버지가 다람쥐를 죽인 일이 있습니까?"

그러자 아버지의 얼굴이 창백하게 변했다.

"네, 그런 일이 있었습니다. 다람쥐를 잡아서 철사로 엮은 장 속에 넣어두었는데 먹이를 주려고 문을 연 순간 다람쥐가 도망치려고 뛰어나오다가 철사 구멍에 목이 조여서 죽은 일이 있었습니다. 제가 양심에 가책을 받는다면 바로 이 일이죠. 저는 평생 그 밖에는 살생(殺生)이라고 해본 적이 없습니다."

"그리고 말입니다. 선생의 조부님이 혹시 유명한 사냥꾼이셨나요?"

"조부님은 사냥을 즐기셨는데 그 분은 살생하는 것 자체가 취미였던 것 같습니다. 죽일 이유가 전혀 없는 다람쥐 같은 것도 눈에 띄면 총으로 쏘아 죽이고 자신의 사격 솜씨를 자랑했던 것이 아닌가 싶군요."

"거기까지는 자세히 모릅니다만 아마 그러시기가 쉬웠을 겁니다. 사냥광이라고 할 정도였으니까요."

"그 조부님이 돌아가신 뒤 다람쥐로 재생(再生)한 것입니다. 인간이 동물로 환생을 했을 때에는 앞서 생애의 기억을 간직하고 있게 마련입니다. 그렇지 않다면 자기의 과오 때문에 동물로 태어 난 뜻이 없어지거든요. 만일 전생을 기억하지 못한다면 처벌의 뜻이 없어지거든요. 그런데 그 다람쥐가 선생의 손에 붙잡힌 것입니다. '나는 다람쥐가 아니다'라고 아무리 외쳐보아야 소용이 없었습니다. 결국 죄없는 목숨을 함부로 죽이고 아무런 반성이 없었던 사람은 자기가 그 자리에서 보아야 비로소 깨닫게 되는 것이죠. 목숨을 건지기 위하여 도망치다가 다람쥐가 된 조부님은 철사에 목이 걸려서 죽었습니다. 숨이 넘어간 순간, 다람쥐의 몸에서 탈출한 조부님의 영혼은 그때 임신 초기였던 선생 부인의 몸으로 들어가 아이가 된 것이지요. 이 아이는 지금 인간이라는 의식이 없습니다. 전생에서 다람쥐로서 죽었던 순간의 공포심이 너무나 강했기 때문에 이 아이는 그저 똑바로 도망칠 생각밖에 없는 거죠. 그리고는 하루에도 몇번씩 다람쥐로서 목이 졸려서 죽던 장면을 되풀이 해 보이는 것, 이것이 우리가 보기에 간질로 나타난 것입니다."

"어떻게 하면 좋겠습니까?"
하고 아버지는 혼수상태에 놓여 누워 있는 아들의 얼굴을 내려다보았다.
 "방법은 하나, 이 아이의 심층심리(深層心理)속에 들어 있는 다람쥐로서의 죽는 순간의 기억을 지워버리는 것입니다. 동시에 그것은 이 아이가 선생의 조부로서 저지른 온갖 살생의 기억도 지워버리는 것이 됩니다. 이 우주는 인과율(因果律), 즉 언젠가는 원인이 결과가 되어서 나타난다는 법칙을 선생 내외가 깊이 이해하고, 그 인과율을 뛰어 넘는 방법은 사랑의 정신 밖에 없다는 사실을 깨닫게 되면 이 아이의 전생의 업장(業障)은 소멸됩니다. 그 결과 자연히 간질 증상은 없어지게 될 것입니다."
 내 말에 그들 부부는 깊이 깨달은 바가 있는듯 했다.
 잠들어 있는 아이에게 체질개선 시술로 전생의 기억을 지워버리는 동안 아이는 정신없이 자고 있었다.
 "발작이 있은 뒤 이렇게 오래 자본 일은 없는데 참으로 이상한 일입니다."
하고 아이의 아버지는 감탄을 했다.

 다음날 전화가 걸려 왔다.
 "어제 처음으로 발작이 일어나지 않았습니다. 그리고 가만히 두어도 앞으로 정신없이 뛰어 도망가려는 증세도 없어졌습니다."
 멀리서 들려오는 전화 속의 목소리는 사뭇 들떠 있는 듯 했다. 그뒤 그 아이의 부모는 다시는 나를 찾지 않았다. 아마 완쾌가 된게 아닐까 싶다.

닭을 무서워하는 소년

 고등학교에 다니는 남학생이 이상한 노이로제 증세 때문에 어머니와 함께 연구원을 찾아 왔다. 6척에 가까운 늠름한 체격의 학생이었는데 그의 노이로제 증세는 아주 특이한 데가 있었다.
 "이 아이는 키가 너무 크다는 것, 자기의 얼굴이 아주 흉악하게 생겼다는 것이 고민이랍니다."
 "전부터 그런 증상이 있었나요?"
 "아아뇨. 전에는 그런 일이 없다가 몇달 전 그런 소리를 하면서 성격이 거칠어졌으니까 문제가 된거죠."
 "혹시 그런 증상이 일어나기 얼마 전에 설악산에 가서 캠핑을 한 일이 있었습니까?"
 "네, 있었어요. 그러고 보니 그때 몹시 수척해서 돌아왔던 일이 기억나는군요."
 "고려말(高麗末)에 살았던 사람으로서 고역사(高力士)라는 별명을 가진 수도승이 설악산에서 수도하다가 죽은 일이 있는데 지박령(地縛靈)이 되어 있다가 아드님에게 빙의한게 분명합니다. 제가 보기에도 지금의 아드님의 얼굴은 본래의 얼굴 모습이 아닌 것 같습니다. 고역사의 얼굴인 것이 분명합니다."
 "그렇다면 이 아이의 고민이 전혀 근거가 없는 것이 아니란 말씀인가요?"
 "그렇습니다. 아드님의 수상(手相)을 보니까 영능력자가 될 수 있는 특이체질인 것 같습니다. 그래서 전생에 산에서 수도하다가 지박령이 된 역사(力士)의 혼백이 빙의된 것이고, 아드님의 눈에는 자기 얼굴이 빙의된 영혼의 얼굴로 보이기 때문에 고민하게 된 것입니다."
 나의 설명을 듣고 학생의 어머니는 어느 정도 납득이 되는 눈치였다.
 이런 경우 늘 그러하듯, 이틀동안 체질개선 시술을 받고 사흘째 되던 날 아침에는 공복으로 오게 해서 제령을 했다.
 빙의되었던 영혼이 이탈하자, 학생의 얼굴은 그 인상이 온화해졌다.
 사납고 거칠어서 흉측스럽기까지 했던 얼굴은 안개 사라지듯 없어졌다. 거울을 보여주니까 학생은 비로소 안도의 한숨을 쉬었다.
 "인제 제 얼굴이 돌아왔군요."
 이로서 노이로제 증상은 깨끗이 소멸된 셈이었다.
 "그런데 이 애는 몸집이 이렇게 큰데도 닭을 굉장히 무서워하는데 저는 아무래도 그 이유를 알 수가 없습니다. 혹시 이 애의 전생과 무슨 관계가 있을까요?"
 하고 어머니가 물었다.

나는 학생을 자세히 영사해 보았다. 그랬더니 아주 놀라운 사실이 발견되었다.

아득한 옛날, 나라와 시대는 확실치 않다. 조정에서 권세를 잡은 어느 간악한 신하가 옥사를 일으켜서 충신들을 몰살시킨 일이 있었다.
 죄명은 '역적모의'였으나 물론 전혀 근거가 없었다.
 그는 살아서 부귀영화를 누렸으나 죽어서 재생하는 과정에 큰 지네가 되었다.
 지난날 인간이었던 기억을 지닌채 태어난 지네였다.
 지네로서 돌틈에 끼어서 살아야 하는 생활은 비참했다. 한약 재로서 지네를 채취하는 산사람들 눈에 띄는 날이라면 목숨은 없어지게 마련이었다. 그러나 인간의 의식을 가진 지네는 죽는 게 두렵지 않았다. 죽는 것만이 재생(再生)과 연결됨을 알고 있었기 때문이었다.
 자기의 지난 죄를 속죄하기 위해서 벌레가 된 몸이라도 약재의 일부로 쓰인다면 다행이라고 생각했다. 일부러 산사람들이 다니는 길목에 나와 있다가 번번이 잡히곤 했다.
 몇 백번이나 그런 일이 되풀이 되었을까?
 이번에는 틀림없이 사람이 되겠지 하면서 정신을 차려 보면 변함없는 지네의 몸이 되곤 했다. 지네는 괴로웠다. 지네라는 의식과 인간이었다는 의식이 한데 뒤섞인 생활은 그 자체가 하나의 지옥같은 고통이기도 했다. 차라리 인간이었다는 의식을 완전히 떨쳐버릴 수 있다면 오히려 좋을 것 같았다. 어차피 인간 세계로 돌아갈 수 없을 바에야 순수한 지네가 되기를 원하기까지 했다.

그러던 어느 달 밝은 밤이었다. 돌틈에서 먹이를 찾아 나왔던 커다란 왕지네는 길가 큰 나무가지에 방(榜)이 붙은 것을 보았다.

이 고을 사또께서 원인모를 중병을 앓고 계신데 명의가 이르기를 한 자가 넘는 큰 왕지네가 든 약재가 필요한데 그런 왕지네를 구해 주는 이에게는 상금으로 10량을 내린다는 내용의 글이었다.

지네는 자기의 몸이 한 자가 넘는다는 사실을 확인하고 이번에야말로 좋은 기회라고 생각했다. 지네는 밤에 마을로 내려갔다.

동구에 이르렀을 때는 날이 이미 밝아 있었다.

지네는 가까운 농가를 향해 기어갔다. 그러나 사람의 눈에 띄기 전에 닭이 먼저 알아보고 달려 왔다.

'안된다. 나는 사또의 목숨을 구해야 한다.'
하고 소리쳤으나 아무 소용이 없었다.

닭의 날카로운 부리에 찢겨서 한 자가 넘는 지네의 몸은 세 토막이 났다.

격렬한 고통이었다. 의식이 희미해지는 가운데 자기 쪽을 향해 달려오는 사람의 발자욱 소리가 들렸다.

닭이 소동을 치는 소리를 듣고 달려 나온 농부는 자기 집 장닭이 한 자가 넘는 지네를 미쳐 다 삼키지 못해 눈을 희번덕거리며 괴로워하는 것을 발견했다.

방을 읽은 농부는 닭을 잡아 죽여서 지네를 다시 토하게 했다.

농부가 갖다 바친 왕지네 덕분인지 이 고을 사또는 무사히 사경(死境)을 넘기고 회생을 했다. 그 다음에 지네가 다시 정신을 차려 보니 그는 어린 아이가 되어 있었다. 그는 기쁘기 이를 데 없었다.

그는 그저 기뻐서 울기만 했다.

다시는 벌레가 될 행동을 해서는 안되겠다고 다짐했다.

어린 아이가 공연히 까닭없이 눈물을 흘리는 것을 보고 어머니는 안질을 앓는 것이 아닌가 의심을 했을 정도였다.

"그럼 우리 아들이 지네였단 말인가요?"

"꼭 그렇다는 것은 아닙니다. 다만 그런 장면이 아드님과 관련해서 떠올랐을 뿐이고, 그것이 사실임을 확인할 길은 물론 없습니다. 아드님이 닭을 무서워하는 것은 닭에게 잡아먹힘으로써 모처럼 좋은 일을 할 수 있는 기회를 놓쳐 또 다시 지네로 태어나게 될까봐 두려워한 때문이 아니었을까요?"

"동화같은 이야기군요. 어쨌든 이 애가 노이로제 상태에서 풀려났으니 감사합니다."

하고 학생의 어머니는 고마워했다.

얼마가 지난 뒤, 그 학생이 완전히 그전과 같이 되어서 학교에 나가게 되었다는 소식을 들었다.

어느 불면증 환자 이야기

 소설가 김태영씨가 나를 찾아왔다.
 10여년에 걸친 아주 심한 불면증과 위장병때문에 몹시 고생하고 있노라고 했다.
 《제령》을 읽고 아무래도 영사(靈査)를 받았으면 해서 찾아왔노라고 했다.
 영사해 보니 다음과 같은 사실이 드러났다. 김태영씨는 전생에 중국의 도인(道人)이었다. 말하자 면 선도연구가(仙道硏究家)였다고나 할까.
 그의 문하(門下)에는 많은 제자들이 있었는데, 그중에 마음이 고약한 사나이가 있었다. 그는 자기가 터득한 심통력을 악용해서 사람들을 괴롭혔다.
 그의 행패에 견디다 못한 마을 사람들은 계략을 꾸며 그를 초대해서 술을 진탕 마시게 한뒤, 모두 달려들어 몽둥이로 때려 죽였다.
 뒤늦게 그 자리에 나타난 선생인 도인(道人)은 한탄을 했다.
 "모두가 내가 덕이 없어서 잘못 가르친 탓이다. 정말 미안하구나. 너는 생전에 도인답게 살지 못하고 짐승과 같은 생활을 했고, 마지막에는 개처럼 맞아 죽었으니 다음 생(生)에는 아마도 개로 태어나기 쉬울테니 큰 일이로구나. 그때 내가 다시 너를 만난다면 구해주리라."

 이런 한탄과 함께 도인은 마을 사람들이 지켜보는 가운데 연기처럼 자취를 감추고 말았다.

 "그럼 그 때의 도인이 저란 말씀입니까?"
하고 김태영씨는 어안이 벙벙해진 얼굴로 두 눈을 크게 뜨면서 반문을 했다.

 나는 말없이 고개를 끄덕였다. 이윽고 한참만에 나는 입을 열었다.

 "선생은 불면증이 생기기 얼마 전에 분명히 개고기를 먹은 일이 있을 겁니다. 잘 생각해 보세요."

 김태영씨는 한동안 생각에 잠겨 있더니 고개를 끄덕였다.

 "그래요. 개를 잡아먹은 일이 있습니다. 그 때 시골에 있을 때였는데 위장이 좋지 않아서 고생을 한다고 하니까 개를 먹어보라고 누가 권한 일이 있었습니다. 그런데 막상 개를 보니 왜 그런지 불쌍한 생각이 들어서 그 개를 잡아먹었다가는 오히려 병이 더할 것 같아서 잡지 말라고 했는데 그만 이야기 전달이 늦어져서 개를 잡아 죽인 뒤였습니다. 한편 그 개의 주인인 마을 소년이 다시 개를 찾으러 와서 벌써 죽었다는 말을 듣고 풀이 죽어서 돌아가지도 못하고 원망스러운 얼굴로 아무 말없이 내 얼굴을 지켜보던 것이 지금도 기억에 생생합니다."

 "그 개가 누구였는지 아십니까? 바로 김태영씨의 전생의 제자가 환생한 모습이었던 것입니다."
"그래요?"
아연실색한 표정이었다.
"사람이 동물로 환생을 하면 전생의 기억을 간직하는 법입니다. 동물이 인간으로서 승격하여 환생했을 때에는 동물이었던 시절의 기억은 없습니다. 다만 어쩐지 낯선 곳에 와 있다는 소외감을 느끼게 되고, 그리고 남다른 강한 영감의 소유자가 될 뿐이죠."

그날 제령을 했다. 제령을 할때 몹시 누린내가 풍겼다. 흡사 개털이 타는 듯한 고약한 냄새였다. 그날로 김태영씨의 불면증은 씻은 듯이 사라졌다.

본래 개는 잠을 자지 않는 짐승이다. 개의 혼이 나갔으니까 그 당연한 결과로 그렇게도 고질적이던 불면증이 씻은 듯이 사라진 것이었다.

개로 재생된 어느 프랑스 여인

 출판사의 수금관계 일로 영업부장이었던 김봉룡(金奉龍)씨와 함께 부산에 출장 간 일이 있었다.
 그 당시 우리는 《한국아동문학선집》을 출간할 계획을 세우고 있었다. 책을 내기 전에 외판 관계 일을 매듭짓기 위하여 부산에서 이름난 외판센터인 H사의 박사장을 만났다.
 박사장과 다방에서 만나 여러가지 이야기를 나눈 끝에 시간이 있으면 자기 집에 함께 가지 않겠느냐는 권유를 받았다.
 마침 저녁 때이기도 했고, 술 한잔 집에서 대접하겠다는 박사장의 모처럼의 청을 물리칠 아무런 이유도 없었다.
 우리 일행은 박사장을 따라서 대신동에 있는 그의 집을 찾았다.
 벨을 누르니까 개짖는 소리가 요란스럽게 들렸다.
 문을 여니까 하얀 스피쓰 한마리가 쏜살같이 달려나와 박사장에게 안겼다.
 자리가 정해지고 술상이 나온 뒤였다.
 이야기가 어쩌다가 전생(前生)에 대한 화제로 바뀌자 박사장이 갑자기 뚫어지게 나의 얼굴을 쳐다보았다.

"안사장께서는 사람의 전생을 알 수 있다고 하셨는데 동물에게도 전생이 있다고 보십니까."

"글쎄요. 아직 경험은 별로 없지만 인간이 때에 따라서는 동물로 환생하는 경우도 있고, 또 그 반대인 경우도 있는 법이니까 동물에게도 전생이 있다고 보아야겠죠."

"그렇다면 우리 포리[스피쓰의 이름이었다]의 전생이 무엇이었는지 이야기해 주실 수 없을까요?"

"좋습니다. 노력해 보지요."

내가 박사장 곁에 앉아 있는 스피쓰를 바라다 보니 거침없이 한폭의 그림이 떠올랐다.

"이 개의 어미는 어느 고관 부인이 구라파에서 돌아올 때 데리고 온 것이고, 아빠는 한국에서 태어났나요?"

나의 말이 떨어지자 박사장의 두 눈이 휘둥그레졌다.

"어떻게 그걸 아시죠. 그건 사실인데요."

"이 개는 전생에 사람이었습니다. 그것도 루이 16세의 궁전에 일하던 궁녀(宮女)였어요. 그런데 그 궁녀는 평생에 개를 지나치게 사랑하여 개와 더불어 성생활을 했고, 사람하고는 관계한 일이 없었습니다. 그러니까 스스로의 인격을 모욕하고 짐승과 같이 자신을 다루었기 때문에 재생하는 과정에서 개가 된 것입니다."

내 말이 떨어진 순간, 스피쓰가 갑자기 꼬리를 둥글게 말고 얼굴을 숙이고 와들와들 떨기 시작했다.

"저것 보세요. 부끄럽고 무서워서 떠는 게 분명합니다."

방안에 앉은 사람들은 모두 어안이 벙벙해서 와들와들 떠는 스피쓰와 나의 얼굴을 번갈아 쳐다 볼 뿐, 방안에는 한동안 숨이 막힐 것 같은 침묵만이 흘렀다.
"이 개가 틀림없이 전생이 프랑스 여자였다는 증거를 보여 드리죠."
나는 풀이 죽어 있는 스피쓰를 보고,
"라 브라와 브네 이씨[자아 이리 온]"
하고 말한 순간 스피쓰는 마치 쇠사슬에 끌린 것처럼 내 앞으로 걸어 왔다.
"아쎄브 실 브프레[자아 앉아라]"
스피쓰는 얌전하게 앉았다.
"도르메[누워라]"
그러자 스피쓰는 내 곁에 놓인 베개를 베고 모로 눕는 게 아닌가.
"어떻습니까? 한국에서 태어난 개가 프랑스 말을 알아듣는 걸 보십시오."
박사장은 고개를 끄덕이며,
"그러니까 이 녀석이 여자였구나. 그래서 나를 그렇게 따르는군 그래."
하고 웃음을 터뜨렸다. 그러나 박사장의 부인은 무시무시하다는 표정으로 포리에게 바깥으로 나가라고 했다.
풀이 죽어서 꼬리를 말고 밖으로 나가는 스피쓰의 모습이 왜 그렇게 처량했던지, 우주를 지배하는 인과(因果)의 법칙이 얼마나 준엄하다는 것을 모두 뼈저리게 깨닫는 순간이기도 했다.

어느 남편의 전생을 본다

 사람이 스스로의 인격을 손상시키고 짐승의 위치를 자기를 타락시킬 때, 다음 번에는 동물로 재생한다는 이야기를 들었거니와 이번에는 그 반대가 되는 예를 들어 볼까 한다.
 S기업의 김동환(가명) 사장하면 모르는 사람이 없을 만큼 건설업계에서는 널리 알려진 인물이다.
 김사장의 부인이 여러 해 전에 나를 찾아 왔었다.
 중년부인들이 대개 그러하듯 신장 기능이 좋지 않고, 저혈압인 환자였다. 몇번의 체질개선 시술로 부인은 몰라보게 건강해졌을 뿐만 아니라 젊어져 보이기까지 했다.
 경제적으로 다시없이 유복한 생활을 하고 있는 이 부인에게도 고민은 있었다. 슬하에 외아들이 하나 있을 뿐인데 현재 미국에서 살고 있고, 이번에 그 자부(子婦)의 출산을 돕기 위해 미국으로 떠날 준비를 하고 있다고 했다.
 자부의 출산을 돕기 위해서 외국에 간다는 것은 우리네 서민층으로는 감히 생각할 수도 없는 일이지만 이 부인에게는 남편이 밖에서 낳아 데려 온 여덟살 먹은 어린 딸이 딸려 있어 그

것이 여러 가지로 정신적 고통을 주는 원인인듯 했다.
"제가 남편이 원하는 만큼 자식을 낳지 못하는 몸이라 아무 소리 못하고 죽어 지내긴 합니다만 남편의 바람기는 손자를 보게 된 지금까지도 멎지를 않는군요. 더구나 당뇨병까지 앓고 있으면서 말입니다."
하고 부인은 길게 한숨을 쉬었다.
"한번 모시고 오십시오. 당뇨병 환자도 체질개선으로 좋아진 예가 많으니까요."
부인은 한참 생각에 잠기더니,
"글쎄 권유는 해보겠지만 오실까 모르겠어요. 저의 남편은 현대의학 밖에는 믿지 않으니까요."
"그러시겠죠. 하지만 저하고 인연이 있으면 한 두번은 오실 겁니다."
그 뒤 부인이 건강을 되찾은데 감명을 받았음인지 김사장이 부인의 안내로 나의 연구원을 찾아 왔다.
만나보니 아주 특이한 인상을 지닌 사람이었다. 한마디로 말해서 말(馬)이 인간으로 재생한 게 분명했다.
머리 모양도 특이하고 특히 하반신이 잘 발달된 몸이었다.
이틀인가 체질개선 시술을 받은 뒤, 대개 이런 경우 그러하듯 바쁘다는 것을 핑계로 그는 다시는 나를 찾지 않았다.
자기의 건강을 위해서 나를 찾은 것이 아니라 부인의 성화에 못이겨서 마지못해 찾아 왔던게 분명했다.
"그래도 그 이가 두 번이나 온 것은 기적입니다. 조금 피로가 덜하다는가 보더군요."

"진동수나 댁에서 마시게 하세요."
"밤낮 해외 출장이니 어디 그것이 마음대로 됩니까?"
하고 부인은 한숨을 쉬더니,
"참 남편 전생은 알아보셨나요. 저하고는 무슨 인연으로 만나서 이렇게 속을 썩이는 것일까요."
하고 다그쳐 묻는 것이었다.
"말입니다. 말이 인간으로 환생한 것입니다."
"네?"
부인은 두 눈이 둥그레져서 나의 얼굴을 보았다.
"부인은 전생이 청나라 왕실의 공주였던 것 같습니다. 굉장히 아끼던 애마(愛馬)가 있었습니다. 이 말은 공주가 죽을 뻔한 것을 세 번이나 구해 준 일이 있었고, 남편이 죽었을 때도 울지 않았던 공주가 애마가 죽자 목을 놓아서 울었습니다. 남편 이상으로 사랑했기 때문이지요. 그 때문에 공주가 사랑하던 말이 인간으로 재생해서 부인의 지금 남편이 된 것이라고 생각합니다. 전생에서 부인을 등에 태우고 편안히 모셨듯이 지금도 부인에게 경제적으로 부유한 생활을 보장해 주고 있는 것이지요. 말이 있었기에 또 사방으로 분주하게 돌아다니는 작업이기도 하구요."
나의 이야기가 끝난 순간, 부인은 크게 웃음을 터뜨렸다.
눈물을 흘리기까지 하면서 정말로 통쾌하게 이를데 없는 웃음이었다.
항상 내성적이고 침울하기만 하던 부인의 얼굴에서 이런 맑은 표정을 보기는 처음이었다.

"말이라니…… 정말 그렇군요. 생긴 것도 말 같지만 성격도 그래요. 그러니까 제가 전생에서 크게 은혜를 입었군요."

"네. 그것도 세번씩이나요."

"그러니까 남편의 잘못이 있어도 적어도 세번은 용서해주어야겠군요. 또 말이 인간이 되었다면 그이가 인간으로서 다소 모자라는 점이 있어도 제가 너그럽게 보아 주어야죠. 더구나 그이가 제 남편이 된 것은 제가 전생에서 사랑했기 때문이었으니까요. 남편이 죽어도 안 울었던 제가 통곡을 했다니…… 정말 선생님의 말씀을 듣고 보니 속이 후련해지는군요."

남편의 전생이 말이라는 이야기를 해서 화를 낼 줄 알았더니 그 반응은 정반대였다. 오히려 그 이야기를 듣고 부인의 남편에 대한 태도는 아주 관대해진게 분명했다.

김사장이 이 이야기를 들으면 노발대발 할런지 모르겠지만 하여튼 나의 영사(靈査) 결과는 그렇게 나왔으니 할 수 없는 일이고, 또 현실면에서 부인이 관대해짐으로써 김사장의 고충이 덜어진 것은 분명하니까 오히려 나에게 고맙다고 치하를 해야 할 경우가 아닌가 한다.

도벽이 고쳐진 소년

 술을 지나치게 마신다든가, 노름을 좋아한다든가, 도벽이 있다든가 하는 나쁜 습관때문에 본인은 말할 것도 없고, 가족들까지도 몹시 고통을 받고 있는 경우가 많다.
 그 중에서도 도벽, 그것도 경제적인 어려움때문에 도둑질을 하는 것이 아니고, 오직 도둑질하고 싶은 어쩔 수 없는 충동때문에 경제적으로 유복한 집안의 자식이 이런 악습을 갖고 있는 예를 우리는 주위에서 간혹 볼 수 있다.
 제주도에 사는 어떤 중학생이 이런 악습을 갖고 있어서 그 소년의 이모가 나의 연구원으로 데리고 온 일이 있었다.
 내가 영사(靈査)를 해 보니 여러 가지 동물령들이 빙의되어서 소년에게 도둑질하고 싶은 욕망을 일으키고 있음이 드러났다.
 "혹시 그 전에 뱀이라든가 그 밖의 다른 동물을 죽인 일은 없는가?"
 "제가 벼랑 위에서 소를 잘못 다루어서 바다에 빠져 죽은 일이 있었고, 또 큰 뱀이 풀밭을 지나가는 것을 보고 큰 돌로 쳐 죽인 일이 있습니다."

"뱀이 학생을 해치려고 해서 죽인 것인가?"
"아닙니다. 오히려 저를 피해서 달아나는 것을 쫓아가서 죽였습니다."
"그럼 학생이 그 소나 뱀의 입장이라면 학생에게 복수를 하고 싶다고 생각하겠지."
"그야 그렇지요."
"그 동물의 영혼들이 죽는 순간에 학생의 몸에 붙어서 학생에게 자꾸만 나쁜 짓을 하게 해서 처벌을 받게 하자는 거예요. 그러니까 여지껏 도둑질을 한 것은 학생이 한 짓이 아니고, 원한을 가진 동물령들이 한 짓이죠."

나는 학생의 이모에게 다시 이야기를 계속했다.

"원한을 가진 동물령에게 빙의되어서 그 피해를 입고 있었던 것입니다. 이 학생에게는 도벽이라는 나쁜 습성은 절대 없습니다."

그러자 소년이 입을 열었다.

"선생님의 말씀을 듣고 보니 생각이 나는데요. 그 동물들을 죽이기 전에는 저는 그런 악습이 없었어요. 하지만 지금은 그렇지가 않아요. 도둑질하는게 나쁘다는 것은 알면서도 어쩔 수가 없었어요."

소년은 진심으로 회개하는 태도였다.

이틀동안 체질개선 시술을 받고 사흘째 되던 날 제령을 했다.

제령을 하는 순간, 그때까지 소년의 얼굴에 서려있던 어두운 그림자가 깨끗이 걷혔다.

나를 정면에서 바라다보는 눈도 또렷하고 총명해 보였다.
얼마나 지난 뒤에 소년을 나에게 안내했던 이모가 연구원을 찾아 왔다.
이제는 도벽도 완전히 사라졌을 뿐만 아니라 성격도 좋아져서 학교에서도 모범생이 되었다고 했다.
아무리 설득을 해도 고쳐지지 않는 도벽을 가진 사람은 '악령'이나 '동물령'에 빙의된 것이 아닌가 한번 의심해 볼 필요가 있다.

뱀의 원령(怨靈)

　옛부터 뱀과 인간에 대한 전설은 많다. 어떤 처녀가 어느 남자를 사모하다가 죽은 뒤 뱀이 되어서 그 남자를 칭칭 감아서 죽인 이야기라든가, 터줏대감인 구렁이를 모르고 잡아 죽였더니 그 집안이 망했다든가, 폐병으로 죽어가던 사람이 뱀을 잡아먹고 기적적으로 회복했다든가, 그밖에도 뱀과 인간에 대한 이야기는 헤아리기 어려울 정도로 많다.
　성경에서는 아담이 뱀의 꼬임에 넘어가 금단의 열매를 먹은 결과 하느님의 도여움을 사서 에덴동산에서 쫓겨났고 이것이 인간이 짊어지고 있는 원죄(原罪)라는 것이 서양인의 기본적인 사고방식임을 누구나 다 알고 있다.
　결국 뱀에 얽힌 여러가지 전설과 설화(說話)를 보면 한결같이 뱀은 사악(邪惡)한 것, 냉혹한 것, 교활한 것, 집념이 강한 존재로 그려서 있음을 알 수 있다.
　하여튼 이상하리만큼 인간의 뱀에 대한 인상이 좋지 않다.
　어느 역사학자는 말하기를, 이것은 아득한 태고시절에 인간이 파충류들에게 늘 잡아 먹히던 기억때문이라고 말하는 이도 있었다. 문명이 발달하면서 어느덧 뱀은 우리 주위에서 자취를 감추어 가고 있다.

원시시대에는 우리와 밀접한 관계를 가졌던 뱀들이 이제는 우리와는 별다른 관계가 없는 존재가 되어 가는 듯한 느낌이라고나 할까. 그러나 현실의 밑바닥을 캐고 보면 아직도 우리네 인간과 뱀은 깊은 인연을 맺고 있음을 알 수 있다.

나의 연구원을 찾아 온 많은 난치병 환자들 가운데에는 자기가 알게 모르게 죽인 동물령때문에 고생하고 있는 이들이 많은데, 그 대부분이 뱀과 개의 원령들이 원흉(元兇)인 경우가 많다. 그런 많은 실화들 가운데 몇가지 예를 들어볼까 한다.

갑자기 파산한 사나이

1985년 늦은 가을이었다고 기억된다. 초라한 모습의 한 중년 남자가 나를 찾아왔다.

커다란 술집을 경영했었는데 온갖 노력에도 불구하고 몇년 후에 장부를 정리했더니 알거지나 다름없는 신세가 되어 버렸다는 것이었다.

나는 그의 두 눈을 가볍게 눌러보면서 '옴 진동'을 일으켰다.
"무엇이 보입니까?"
"네, 수백마리의 뱀들이 서로 엉켜서 꿈틀거리고 있는 모습이 보입니다."
"뱀을 잡아먹은 일이 있습니까?"
"네, 뱀이야 수십마리를 잡아 먹었지요. 몸에 좋다고 해서요.

하지만 뱀을 먹은 뒤에 신경통은 더 심해지고 더구나 뜻하지
않은 파산까지 하게 되었습니다."

"선생에게는 지금 뱀의 원령들이 수없이 빙의되어 있습니다.
신경통은 보이지 않는 뱀이 그 관절 마디마디를 칭칭 휘어 감고
있기 때문에 생긴 병이고, 사업이 실패로 돌아간 것은 선생으로
하여금 망할 일을 골라서 하게 만든 탓이라고 생각됩니다."

"그럼 어떻게 하지요? 지금도 뱀술 담궈 놓은 것을 마당 여
기저기에 묻어 놓았는데요."

"아까운 생각이 들더라도 모두 쏟아버리십시오. 그리고 진동
수를 한달 가량 마신 뒤에 다시 저를 찾아 오세요."

"그럼 그 다음에는 어떻게 되는 거지요."

"그때는 제령을 해드리겠습니다. 지금은 힘듭니다. 선생이
잡아먹은 뱀들에게 사과하는 마음을 가져야 합니다. 진동수로
어느 정도 몸을 깨끗하게 한 뒤에 오십시오."

그 뒤 한달동안 그 사람은 열심히 진동수를 만들어 마셨다고
했다. 한달이 지난 뒤에 찾아 온 그를 보니 얼굴빛도 좋아지고
밝은 인상이 되어 있었다. 그날 나는 뱀의 원령들을 깨끗이 제
령시켜서 무사히 유계(幽界)로 돌려보냈다. 제령을 하고 보니
그의 얼굴은 더욱 밝아진 듯했다.

고맙다는 인사를 하고 돌아간 뒤 꽤 여러 달 동안 그에게서
는 아무런 소식이 없었다.

워낙 바쁜 일과를 쫓기다 보니 어쩌다 한 두번 와서 체질개
선 시술을 받고 간 사람들을 전부 기억할 수는 없는 일이어서
어느덧 나의 머리에서는 그에 대한 기억은 희미해져 갔다.

내가 그런 사람이 다녀갔다는 사실을 기억에서 잊고 말았을 무렵, 그는 다시 나를 찾아 왔다. 그는 나를 보고 반색을 했으나 그가 누군지 생각이 나지 않았다.

한참만에야 비로소 그가 어떤 일로 찾아 왔던 사람인지 기억이 되살아 났다.

"그래 요즘은 어떻게 지내고 있습니까?"

"네, 저는 인제 완전히 살아나게 되었습니다. 선생님을 찾아 왔을 때는 사실 생계도 막막했었습니다. 친구의 도움으로 작은 기사식당을 하고 있었는데 처음에는 하루에 고작 열 다섯명 가량의 손님밖에 없었습니다. 그런데 제령을 하고 난 뒤로 갑자기 손님이 늘기 시작했습니다. 지금은 매일 3백명 가량 손님이 찾아와서는 모두가 단골이 되다시피 했기 때문에 생활문제는 완전히 해결되었을 뿐 아니라 빚도 갚아 나갈 수 있게 되었습니다. 모두가 안선생님의 덕인줄 알고 감사하고 있습니다."

처음에 찾아왔을 때의 침울하던 표정과는 달리 밝은 표정으로 이렇게 말하는 사람을 대할 때처럼 삶의 보람을 느끼는 일은 없다.

땅군 소년과 뱀의 여인

14년째 아주 이상한 질병을 앓고 있는 중년 부인이 있었다. 하루에도 몇번씩 정신이 아득해지고 얼마동안 전혀 기억이 나지 않는 시간이 계속되는 병이었다. 그러니까 정신이 아득해진 뒤 다음 정신이 들 때까지는 무슨 짓을 했는지 전혀 기억이

나지 않는 것이었다.

　정신을 차려 보면 남의 집 대문을 두드리고 있거나 아니면 길거리에 누워 있어서 사람들이 주위에 가득 모여 있곤 했었다고 했다.

　병원에서는 일종의 간질이라는 판단을 내려서 간질 치료제를 14년째 쓰고 있는데 이제는 약을 매일 먹는 것도 지겹고, 또 어쩌다 잊고 약을 먹지 않았을 때는 전에 없던 진짜 간질 증세까지 나온다는 이야기였다.

　내가 영사를 해보니 다음과 같은 사실들이 밝혀졌다.

　"아주머니 혹시 이병이 생길 무렵에 강물에서 수영을 한 일이 있었습니까?"

　"네, 제 고향이 강가여서 수영을 자주 하곤 했습니다만…… 아참 그렇군요. 제가 열 일곱살 되던 여름이었다고 기억합니다. 강에 가서 수영을 하다가 왼쪽 귀에 물이 들어 간 일이 있었습니다. 그 뒤로는 물에 들어가는 것이 싫어졌고, 또 지금의 이 병이 생긴 것 같습니다."

　"그 강 기슭에서 조금 하류로 내려간 곳에 물이 소용돌이 치는 곳이 있습니까?"

　"네, 있습니다."

　"수영하다가 그곳 소용돌이에 말려 들어가 죽은 사람이 많을 덴데요."

　"그래요. 여러 명이 그것도 수영을 잘하는 이들이 소용돌이에 빨려 들어가 죽은 일이 있었다고 들었습니다. 그래서 그곳에는 물귀신이 있다고들 하더군요. 무서워서 그 근처에는 가지 못하지요."
 "어느 해 여름 땅군 소년이 강에서 수영을 하다가 죽은 일이 있었습니다. 한편 장마때 큰 나무토막을 타고 떠내려 오던 굉장히 큰 뱀이 그 소용돌이에 빨려 들어가 죽었는데 그 뱀의 영혼이 소년을 감아서 소용돌이로 끌고 들어간 것입니다. 소용돌이 밑에는 큰 바위가 두개가 있는데 그 바위 사이에는 이곳에 빨려 들어가 죽은 시체들이 끼어 있습니다."
 "소용돌이에 빨려 들어간 사람은 시체가 떠오르지 않는다고 들었습니다. 또 시골이라 잠수부를 동원할 엄두도 못내서 한번 소용돌이에 빨려 들어가면 수신제(水神祭)나 지내는 것이 고작이었지요."
 "그런데 그 소용돌이에 빨려 들어가 죽은 땅군 소년과 큰 뱀의 영혼이 아주머니에게 기생해서 생명력을 앗아갔기 때문에 그런 병이 생긴게 분명합니다."
 "왜 하필이면 저에게 빙의가 되었을까요?"
 "그것은 전쟁에서 그 땅군 소년과는 모자 사이가 아니었던가 합니다. 의지해서 들어온 것이지요."
 나는 2일 동안 시술을 한 뒤 4일째 제령을 했다.
 제령을 하는 동안, 환자에게서 발작이 일어났다.
 "아 어둡다, 춥다, 제발 나를 여기서 해방시켜 줘요."
 땅 속으로 꺼져 들어가는 것과 같은 소년의 목소리였다.
 뱀이 제령될 때는 큰 구렁이가 몸 밖으로 나가는 시늉을 했다. 몸이 앞으로 쓰러지면서 땅을 기어가는 형태를 해 보이는 것이었다.

한참만에 부인은 제 정신이 돌아 왔다. 조금 전에 있었던 일을 전혀 기억하지 못했다.
"마치 해산하고 난 뒤 같이 허전하군요."
한참만에 부인이 한 말이었다.
다음 날 부인이 또 찾아 왔다.
이번에는 소용돌이에 빠져 죽은 다른 작은 동물들의 영혼들을 집단으로 이탈시켜야만 했다.

그뒤 그녀는 완전히 건강을 되찾게 되었다고 말했다.
현대의학으로서는 도저히 이해가 가지 않는 일이었지만 집단영장(集團靈障)을 해소시킨 결과 난치병으로 오랜 세월 고생하던 환자가 거의 기적적으로 회복한 예는 이밖에도 헤일 수 없을 정도로 많다.

제 8부
풀리지 않는 수수께끼

제8부

갈라디아서 주해에서

운명은 누구나 미리 정해져 있는가?

　쉬운 것 같으면서도 매우 어려운 질문이다. 운명이 미리 정해져 있다면 우리가 하는 노력은 모두 헛된 것이라는 이야기가 된다.
　한편 운명은 미리 정해져 있는게 아니라면, 우리 모두에게 전생(前生)이 있어서 자기가 만든 원인이 결과가 되어서 자기 뒤를 따라온다는 인과율(因果律)을 부인하는게 된다.
　나는 이렇게 생각한다. 사람의 운명은 절반은 미리 정해진 것이고, 나머지 반은 자기의 노력 여하에 따라서 변동이 가능하다고 본다.
　우리가 어느 시대, 어느 나라, 누구의 집안 남자 또는 여자로 태어나느냐 하는 것은 앞의 세상에서 우리가 그렇게 될 원인을 만들었거나, 또는 스스로 원해서 된 것이기에 이것은 우리로서는 어쩔 수 없는 숙명(宿命)이 아닌가 한다.
　그 뒤 살아가는 과정에서 일어나는 일들도 절반은 앞서의 세상에서 그 원인이 비롯된 것이고 나머지 반은 자기가 만들어낸 행위의 결과로서 비롯되는 것이라고 본다.

또한 이렇게 해서 이루어진 한 사람의 일생은 다음 번 태어나는 경우의 여러가지 운명의 테두리를 만드는 원인이 되는 것이다.

이야기를 종교적으로 다시 설명해 보기로 한다.

사람의 일생동안의 운명은 전생의 인연에 의해 대체로 정해져 있지만, 그 사람이 자신의 수호령과 양심에 충실한 경우, 또는 남을 도우며 착하게 살려는 의지가 강하여 많은 노력을 할 경우, 조상이나 부모가 사람을 구하고 있는 경우에는 후천적으로 운명은 수정될 수 있는 것이다.

따라서 먼저 알아 두어야 할 것은 평소에 언제나 자기 자신의 수호령들에게 감사하는 마음으로 기도를 드리고 올바르게 살려는 노력을 해야 한다는 것, 가능하면 국가와 세계가 평화스럽기를 기도하는 생활[하루에 한번이라도 좋으니까 자신의 생활을 반성하고 기도하는 습관을 갖는게 매우 중요하다]이 필요한 것이다.

수호령에게 대한 감사 기도는 곧 창조주이신 하느님께 감사드리는 것과 같기 때문에 자신이 전생에서부터 저질러 온 나쁜 행위나 나쁜 생각에서 비롯된 나쁜 결과가 나타나지 않게 된다.

또한 불행을 겪더라도 가볍게 치르게 되기 때문에 운명이 수정된 것이라고 볼 수 있다.

한편 조상이나 부모가 사람을 살려 준 일이 있을 경우에는, 그 구함을 받은 사람들의 고마워하는 상념(想念)이 그 자손에게 닥쳐 올 재난도 이를 가볍게 해주는 구실을 하게 된다.

또한 구조받은 사람이 이미 죽어서 영혼이 되어 있을 경우에는 유계(幽界), 또는 영계(靈界)로부터 직접 도와서 수호령〔또는 수호천사라고도 한다〕과 함께 그 사람을 살 길로 안내해 주는 것이다.

  이것은 본인의 노력과는 관계없이 운명 수정의 힘이 되어 주는 예라고 할 수 있다. 또한 이런 이치를 모르더라도 인간은 사랑의 정신으로 참된 행동을 하며, 남을 구하고 자기를 스스로 학대하는 일이 없다면 운명은 호전되게 마련이다.

신앙생활을 함으로써 몸이 건강해지는 이유는 무엇인가?

올바른 신앙생활을 하는 사람들은 우선 창조주[나는 하나님 내지는 우주의식이라고 부른다]가 존재한다는 사실을 믿기 마련이고, 창조주께서 보내 주시는 생명력이 자기 자신을 살려 주고 있다는 사실을 굳게 믿고 있다.

또한 보호령[보호천사 또는 성령(聖靈) 또는 호보신장]들이 자신을 보호해 주고 계시다는 사실을 확신하게 마련이다.

또한 진실한 기도와 기구를 통해서 우주와 하나가 되는 시간을 많이 가질 때, 그는 빛 자체가 된다.

악령들은 어두운 파장을 가졌기 때문에 이런 사람들과는 서로 파장이 틀려서 결코 침범할 수 없다는 것을 알아야 한다.

모든 난치병과 불치병을 앓는 거의 대부분의 원인은 사악(邪惡)한 망령(亡靈)들의 침범때문인데, 항상 사랑의 정신을 갖고 마음이 조화된 생활을 하는 사람들은 악령과 그 영파의 파장이 다를 뿐만 아니라 강력한 보호령들이 지켜 주기 때문에 뜻하지 않은 사고를 당한다든가 악령들에게 빙의당하는 일은 없다.

 또한 항상 창조자[하나님]께서 생명력을 공급해 주신다고 믿는 한, 대뇌피질(大腦皮質)이나 간뇌(間腦) 또는 구피질(舊皮質)이 정상으로 가동하게 마련이다.

 그 결과 몸의 모든 기관은 대자연의 섭리대로 작용하기 때문에 건강해질 것은 너무나 당연한 이치이다.

착하게 살려고 애쓰고 있는데도 불행이 그치지 않는 이유는 무엇인가?

지금부터 구체적인 예를 하나 들어보기로 한다.

얼마 전, 50세 가량된 남자가 나를 찾아 온 일이 있었다. 그는 과거에 항상 노력을 해 보지만 끝에 가서 실패로 끝나는 똑같은 생활을 되풀이 해 왔다고 했다.

옴 진동수를 100일 동안 마시게 한 뒤에 내가 영사(靈査)한 바에 의하면 그는 전생이 이마가와 요시아끼(今川義昭)라는 일본인 순경으로서 기미년 3·1운동 때 군중들에게 발포를 해서 많은 사람들에게 부상을 입혔고, 끝내는 군중들로부터 맞고 중상을 입어 적십자병원에서 그해 4월 9일에 죽은 일본 사람이 다시 태어난 것임이 밝혀졌다.

그는 일련종(日連宗) 신자였으며, 일본의 구마모또껭(能本縣昭)출신이있다.

죽을 때 한 유언이, 자기가 본의 아니게 조선 사람들을 많이 다치게 했으니 인간이 거듭 태어날 수만 있다면 앞으로 조선 사람으로 태어나서 속죄의 생활을 하고 싶다고 했는데 그것이

동기가 되어서 한국인으로 재생한 것임이 밝혀졌다.
 그는 얼른 보기에 일본인과 같은 인상이었고, 또한 형사와 같은 느낌을 주는 사람이었는데 체질개선 시술과 제령을 받고 전혀 다른 사람으로 변했다.
 이런 경우 무릇 재난이라는 것은 지난날에 지은 업장(業障)이 현상세계(現象世界)에 잠시 나타났다가 사라지는 모습이라고 할 수 있다.
 속에 들었던 병균이 곪아서 터지는 것이나 똑같은 현상이라고 생각하고 사라져 없어지는 것으로 알고 더욱 선행(善行)·선심(善心)을 갖게 되면 앞으로 크게 닥칠 재난도 작은 불행으로 그치게 되고 차차 좋은 일이 생길 것이다.

착한 사람들은 항상 악(惡)의 희생이 되며, 악한 사람들이 사회적으로 성공하는데 그 이유는?

　선(善)이란, 전체와의 조화를 이루는 가운데 자기 자신의 입장을 세우려는 정신이고, 악(惡)이란 나만의 욕망을 충족하기 위해서 남은 아무리 해쳐도 좋다는 정신에서 출발한 일체의 행위를 말한다.
　우리가 살고 있는 이 우주의 생성법칙(生成法則)을 알게 되면 [그것은 공존공생의 법칙이다] 사람은 절대로 악해질 수 없다.
　결국 악인이란, 상대적으로 보아서 어린 생명인 것이다.
　우선 자기 욕망대로 사는 가운데 한번은 뜻을 이룰 수도 있겠지만 결국은 어떤 형태로든 처벌을 받게 된다.
　가령 수단 방법을 가리지 않고 타인을 짓밟고 올라가서 잠시는 권세와 돈을 갖더라도, 당뇨병・고혈압・암과 같은 중병을 앓게 되거나 또는 가장 사랑하는 가족들이 여러가지 형태의 불행을 당하게 된다.
　당대(當代)에 그런 현상이 일어나지 않으면 다음 대에 가서라도 틀림없이 좋지 않은 변화가 오게 마련이다.

짧은 안목으로 보면 악이 승리를 거둔 것 같지만 긴 안목으로 보면 지금까지 인류 역사에서 악이 끝까지 번성한 예는 한 번도 없었다.

인류를 국가 단위로 볼 때도 역시 마찬가지라고 생각한다.

지난날에도 이웃나라를 침략하고 짓밟은 나라는 결국은 자기가 남에게 준 고통을 스스로 물려받아야만 했고, 이제는 전 인류가 크게 깨달아서 하늘의 섭리인 조화와 평화공존(平和共存)의 정신을 터득하여 전체적으로 착하게 변해야만 했다. 그리하여 우선 자연을 파괴하는 문명에서 자연 환경의 질서를 되찾는 문명형태(文明形態)로 바뀌지 않는 한, 전 인류는 반드시 멸망하게 되어 있고 또 지금 이 순간에도 쉴새없이 멸망을 향해 줄달음 치고 있는게 현실이다.

누군가가 또는 새로운 어떤 세력이 나타나서 여기에 대하여 제동을 걸지 않는다면 결국 오늘날의 인류는 반드시 멸망하게 될 것이다.

개인이나 국가나 또는 전인류의 단위로서도 이웃과의 조화, 평화공존, 주위 환경과의 조화를 이루지 못한다면 스스로 이 물질세계인 현상세계(現象世界)에서 사라져야만 한다는 우주의 철칙을 이해한다면 이 질문에 대한 대답은 절로 나오리라고 생각한다.

악(惡)은 잡초와 같이 생명력이 왕성하기 때문에 다른 화초(花草)들을 짓밟고, 온 마당을 한번은 메꾸지만 결국은 정원사의 손에 의해 뿌리채 뽑히게 마련이다.

한때는 번성하지만 몰락도 또한 빠른게 악이다.

부부는 일심동체라고 하는데
심령과학적으로는 어떻게 설명할 수 있는가?

우리나라 속담에 남좌여우(男左女右)라는 말이 있다. 이 말을 나는 이렇게 해석한다.

부부란, 영적으로 보아서는 분명히 일심동체인데 남편의 경우 왼쪽 몸 반은 분명히 자기 몸이나 오른쪽 반은 아내의 몸이라고 할 수 있다.

여자의 경우는 그 반대인 것이다.

헤어져서는 안될 부부가 이혼을 했을 경우, 부인은 몸 왼쪽 내장에 고장이 생기고, 남편은 오른쪽 내장에 고장이 생긴 경우를 많이 보았다.

우연의 일치라고 생각하기에는 너무나 같은 현상이 많이 생겼다.

또한 부부의 애정에 이상이 생겼을 경우에는 남녀 다같이 허리 통증이 생기기 쉽고, 특히 여자는 자궁질환이 생기게 마련이다.

부부의 정이 좋은 경우 부인에게 자궁질환이 생기는 일은 거의 없다는 것이 나의 생각이다.

많은 부부들 가운데 전생에서 같은 영혼이 둘로 분화되면서 남녀가 되어 맺어진 경우가 있다.

이같은 경우를 천생연분이라고 할 수 있으며, 부인에게 체질 개선 시술을 해주었더니 남편까지도 체질이 개선된 경우, 또는 그 반대인 경우도 많다.

이것은 부부의 영파 파장이 같은 경우이다. 몸은 다르지만 파장이 같으니까 한 사람과 다름이 없는 것이다.

또한 부부가 성교하는 것은 일종의 생명 에너지 교환작용인 것이다.

여성은 혼자 있으면 마이너스 에너지가 과잉상태가 되기 쉽고, 남자의 경우에는 그 반대의 현상이 일어나게 된다. 성교를 해서 서로 절정감을 맛보게 되면, 상대편에게 필요한 에너지를 공급해 주게 되어 정신과 육체의 균형이 잡히게 된다.

사랑하는 부부가 성교를 하는 것은 세상에서 흔히 생각하는 음탕한 행위가 아니며 부부가 한 몸이 되었을 때, 두 사람이 다 같이 느끼는 끝없이 편안한 마음과 안정감은 에너지 교류현상에서 빚어지는 것이다.

절도있는 부부생활은 오히려 심신의 피로를 풀어 주고 몸과 마음에 생기를 불어넣어 준다는 사실을 모르는 사람들이 너무나 많다.

어떤 종교에서는 부부의 성생활까지도 죄악시하는 경우가 있는데 이는 당치도 않은 생각이다.

성생활이 죄악에 해당되는 것이라면 하늘이 태초에 남녀의 구별을 지었을 까닭이 없다.

또한 성인 남자가 6개월에서 1년 이상 전혀 성생활을 하지 않으면〔자위행위도 포함〕 성기능이 퇴화해서 급격히 노화현상이 오는 것이다.

부인이 중병을 앓아서 몇년 동안 성생활을 하지 않았더니 부인이 건강을 되찾은 뒤에도 전혀 발기가 되지 않는다고 나를 찾아 온 사람도 있다.

육체의 기관은 쓰지 않으면 그 기능이 퇴화되게 마련이다.

유계(幽界) 또는 영계(靈界)에서의 사랑하는 남녀의 결합은 유체 또는 영체가 하나가 된다는 뜻이며, 이승에서는 잠시 그런 형태를 취하는 것이 부부의 성생활인 것이다.

저승에서 두 개의 영혼이 하나가 되어 한 육체를 갖고 태어나면 이것이 바로 복합령(複合靈)인 것이며, 반대의 경우는 분령현상(分靈現象)인 것이다.

잠자리에서 부부의 위치가 잘못된 경우에도 건강에 해롭다는 것을 강조하고 싶다.

남자의 오른팔 쪽에 부인이 자는게 정상이며, 이 위치가 뒤바뀐 상태에서 오래 살면 두 사람이 다같이 건강을 해치기가 쉽다.

그러나 이승과 저승은 반대이기 때문에 무덤은 마주보는 쪽에서 보아 왼쪽에 남자의 무덤이 오른쪽에 부인의 무덤을 써야 한다. 이것을 혼동하지 않기를 바란다.

산아제한에 대한 심령과학적인 견해는?

나는 사람이 태어나고 죽는 것은 분명히 하늘의 뜻이라고 생각한다. 그러나 꼭 산아제한을 해야만 할 경우에 임신된 아기는 이 세상에 태어나지 않고 어머니의 모태(母胎)안에 잠시 깃들이는 것만으로 충분하다. 다시 말해서 인간 세상에 태어날 필요가 없어진 고급령(高級靈)인 것이다.

그 아기가 꼭 태어나야만 할 아기라면 결국 산아제한을 하려던 부부의 마음에 변화를 일으키게 하거나 또는 그 밖의 부득이한 어쩔 수 없는 사정으로 태어나게 마련이다.

낳고 죽는 것을 결정하는 것은 어디까지나 하늘이지 인간이 아니라고 생각하기 때문이다.

또한 앞서도 이야기한 바와 같이 부부 사이의 성행위는 단지 아기를 낳기 위한 목적에서만 행해지는 것이 아니라 부부 사이의 사랑의 교류이며, 상념(想念)의 교류일 뿐만 아니라 음양(陰陽)이라는 두 가지 생명 에너지의 교환행위인 것이다.

아기를 낳는다는 것은 그 일부의 목적에 지나지 않는 것이다.
아기를 낳는 것만이 목적이라면 인간도 동물과 같이 일정한 기간에 욕정을 느끼도록 창조되었어야 할게 아니겠는가?

　나는 임신 이전의 산아제한은 결코 죄악이 될 수 없다고 생각하지만, 임신 3개월 이후의 유산은 아기의 몸은 유산되지만 그 혼은 그대로 모체(母體) 안에 빙의되어서 여러가지 자궁병의 원인이 됨을 수없이 경험한 바 있다.

　낙태수술을 전문으로 하는 산부인과 의사가 자궁에 악성 종양이 생겨서 도저히 수술조차 할 수 없어 나를 찾아온 일이 있었는데, 영사해 보니 수 많은 태아의 영혼들이 빙의되어 있었고, 진동수 복용후 제령을 통해 이탈시켰더니 그 난치병이 완치된 예가 있다.

다시 태어나는 사람과 재생(再生)하지 않는 사람은 어떻게 다른가?

　다시는 육체 인간으로 태어나지 않아도 될 수 있는 사람은 바로 창조주이신 하나님의 분령체(分靈體)라는 사실을 깊이 깨닫고 행동도 그와 같이 할 수 있게 된 사람, 이런 사람은 이미 직령(直靈)과 일체가 되어 있기 때문에 육체계(肉體界)에서 인연을 뛰어넘는 경험을 쌓을 필요가 없어졌기 때문에 다시 태어나지 않게 마련이다.
　다만 자기 자신이 뭇 중생들을 구하고 싶다고 생각하여 태어나는 부처나 보살, 성인(聖人)은 예외에 속한다.
　또한 아직 해탈(解脫)할 수 있는 경지까지는 이르지 못했더라도 영계(靈界) 또는 유계(幽界)에서도 나머지 경험을 쌓을 수 있어서 인연의 세계인 이승의 세계에서 빠져 나올 수 있다고 신이 판단을 내린 사람도 다시 태어나지 않게 된다.
　그밖의 모든 사람들은 몇번이고 거듭 태어나서 참인간이 무엇인지 완전히 깨닫게 되기까지 한 없이 태어나는게 아닌가 생각한다.

죽은 사람의 영혼이 빙의되어 있는 것은 어떻게 알 수 있는가?

빙의된 사람을 보면 예외없이 눈의 흰자위가 충혈되어 있고, 또한 눈동자에 힘이 없다. 영사할 수 있는 능력자 앞에서는 시선을 피하고 얼굴을 바로 들지 못한다.

또한 신체상으로는 다음과 같은 특징이 있다.

1. 두 어깨가 항상 무겁다. 손과 발이 유난히 차면서도 손바닥은 이상하게 붉은 빛을 띄고 있다.
2. 병원에서 종합 진단을 받아 보면 아무런 이상을 발견할 수 없는 데도 본인은 중병인(重病人)임을 자처하고 몹시 괴로워한다.
3. 낮에는 힘이 없고 햇빛 앞에서는 두 눈이 감기고 제대로 눈을 뜨지 못하며, 밤이 되면 기운이 나고, 비오는 날은 기분이 좋다.
4. 질병의 상태가 악화되지도 않고 좋아지지도 않으며, 어떤 약을 써도 처음에는 잘 듣는 듯 하다가 나중에는 효과가 없다. 아픈 곳이 자주 이동한다. 또한 낮에는 멀쩡하다가

밤중에는 새벽까지 아픈 시간이 일정하다.
5. 꿈자리가 몹시 뒤숭숭하고 죽은 사람들이 반복해서 꿈에 자주 나타난다.
6. 6개월 이상 아프면서도 더 나빠지지 않는 질병이다. 본인은 물론이고 가족들에게 만성적인 고통을 주는 질병은 대체로 죽은 사람의 혼이 몸에 붙어서 생긴 병으로 보는 게 옳다.
7. 가끔가다 죽은 사람의 환상이 자주 나타나는 경우도 빙의 된 경우이다.
8. 자기의 성격이나 행동이 죽은 집안 식구를 닮아가는 것, 또 얼굴 모습이 변하는 따위도 빙의령때문이다.
9. 까닭없이 어쩐지 곧 죽을 것만 같고, 공연히 슬픈 생각이 드는 것도 빙의령때문이다.
10. 가족들이 보기에 얼굴의 인상이 자꾸만 바뀌는 사람, 성격의 변화가 심한 사람도 빙의현상 때문이다.
11. 심한 알콜 중독자로서 술을 안마실 때는 얌전하던 사람이 술만 들어가면 주사(酒邪)가 심한 사람, 그리고 술이 깬 뒤에는 전혀 기억이 없는 경우도 빙의현상 때문이다.

이런 경우는 장기간 진동수를 복용시키면 4개월쯤 뒤에는 체질이 완전히 바뀌게 되고 그렇게 되면 몸에서 전혀 술이 받지 않게 된다.

제령을 하는 방법과 제령이 되는 원리는 무엇인가?

제령을 하는 방법은 환자의 사진을 보고 영사(靈査)해 본다.
사진에는 보호령이 붙어 있지 않기 때문에 본인을 보는 것보다도 더 정확하게 영사되는 경우가 많다.
내가 보면 환자의 이마 위 부분에 빙의령의 모습이 나타나 있음을 알 수 있다.
영사한 결과를 환자의 가족에게 문의해서 빙의된 혼이 누구라는 것이 확인이 되면 체질개선연구원의 회원이 되어서 4개월 이상 진동수를 온 가족이 마실 것을 권한다.
필요하다면 빙의령을 쫓는 구실을 해주기도 하는 성원주(成願呪)를 적어 준다. 가벼운 경우에는 이것만으로도 제령이 되어서 4개월 뒤에는 건강해진다.
빙의령이 집념이 강한 악령(惡靈)일 경우에는 격렬한 반응을 일으켜서 진동수를 못 마시게 하는 경우도 있다. 이 단계에서 굽히지 않고 내가 지시한 대로 하면 대개는 병세가 호전된다.
4개월의 진동수 복용 기간이 지나면 체질개선연구원으로 환자를 오게 해서 체질개선 시술을 3~4일에 걸쳐 한 뒤 날을 잡아서 제령을 한다.

　제령하는 날에는 환자는 아침식사를 금하고, 나는 목욕재개한 깨끗한 몸으로 시작을 한다.

　우선 환자의 보호령에게 정중하게 인사를 하고 협조를 부탁한다. 이어서 나의 보호령과 배후령단에게 부탁을 하고 빙의령이 육체를 갖고 살아 있었을 때의 보호령들을 소환한다.

　이들 보호령들을 모신 자리에서 내가 영사한 결과를 보고하고 빙의령들에게 사람의 몸에 빙의해서는 안되는 이유를 설명해 주고, 인과율(因果律)을 설명한 다음 유계(幽界)에 가서 수행을 하거나 재생(再生)을 하려면 우선 보호령들을 따라서 유계로 가야함을 강조한다.

　이 과정에서 대개의 빙의령들은 납득을 하여 이탈한다.

　동물령들에게는 모르고 살해한 인간의 잘못을 용서하고 우주의 법칙을 따른다면, 그 마음은 이미 동물의 상태를 벗어난 것이기 때문에 인간으로 재생(再生)할 수 있게 된다고 설득한다.

　평소에 인간의 생활을 부러워해 온 것이 동물들이기 때문에 동물령들을 제령하는 것은 비교적 쉽게 이루어진다.

　빙의령들의 한을 풀어 주고 그들의 앞길을 밝혀 주는 행위를 사랑의 정신으로 하면 반드시 제령은 되게 마련이다.

(9권에서 계속)

편저자 약력

서울에서 출생하여 서울대 문리대 국문과를 졸업. 1951년 경향신문 신춘문예에 「聖火」가 당선되어 문단에 데뷔. 그후 일본에 진출하여 「심령치료」「심령진단」「심령문답」등을 저술하여 일본의 심령과학 전문 출판사인 대륙서방에서 간행하여 큰 호응을 얻었으며, 다년간 심령학을 연구함. 그후「업」「업장소멸」, 「영혼과 전생이야기」「인과응보」「초능력과 영능력개발법」「최후의 해탈자」「사후의 세계」「심령의 세계」등 심령과학시리즈 20여종 저술(서음미디어 간행)

개정판 | 2021년 5월 15일

발행처 | 서음미디어
등록 | 제7-0851호
서울시 동대문구 난계로 28길 69-4

지은이 | 안동민
기획·편집 | 이광희
발행인 | 이관희
교 정 | 이정례

표지일러스트 | Juya기획
본문편집 | 은종기획

Tel | 02) 2253 - 5292
Fax | 02) 2253 - 5295

이 책은 저작권법에 의해 보호를 받으므로
무단복제, 전제를 금합니다
ⓒ seoeum
값 20,000원

제 **8**부

풀리지 않는 수수께끼

제8부

오리지 수필에